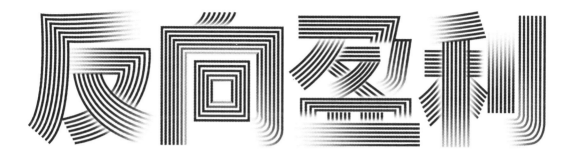

反向盈利

企业盈利的6大规划和9大模式

付守永 著

机械工业出版社
CHINA MACHINE PRESS

这是一个万物重生的新时代，传统盈利模式已经走进死亡之谷，反向盈利时代正在加速走来，势不可挡，生机勃勃！

商业在求新，传统盈利形式在变弱。成人达己正在粉碎自私自利；模式创新正在颠覆产品买卖；资本力量正在重塑传统生意；超级路演正在改变埋头苦干；工匠精神正在碾压粗制滥造；资源使用者正在战胜资源拥有者。没有永远的领先，也没有永远的落后。从现在开始，每个人、每家企业都需要一场自我革命。反向盈利是一套全新的商业哲学、全新的商业操作体系、全新的商业方法论。

本书分为五个部分。第一部分：反向思考，时代才是盈利的幕后推手；第二部分：反向思维，新企业家群体的自我进化；第三部分：反向盈利的6大规划；第四部分：反向盈利的9大模式；第五部分：反向盈利时代宣言。

本书适合：企业家、创业者、新零售从业者、实体门店老板、企业股东、企业高管与专注盈利模式研究的专家学者阅读使用。

图书在版编目（CIP）数据

反向盈利：企业盈利的6大规划和9大模式 / 付守永著. — 北京：机械工业出版社，2020.3
ISBN 978-7-111-65027-0

Ⅰ.①反… Ⅱ.①付… Ⅲ.①企业利润—企业管理—研究 Ⅳ.①F275.4

中国版本图书馆CIP数据核字（2020）第045437号

机械工业出版社（北京市百万庄大街22号　邮政编码100037）
策划编辑：刘怡丹　　　　　责任编辑：刘怡丹　刘　洁
责任校对：李　伟　　　　　责任印制：孙　炜
保定市中画美凯印刷有限公司印刷

2020年4月第1版第1次印刷
169mm×239mm・14.75印张・179千字
标准书号：ISBN 978-7-111-65027-0
定价：69.80元

电话服务　　　　　　　　　网络服务
客服电话：010-88361066　　机　工　官　网：www.cmpbook.com
　　　　　010-88379833　　机　工　官　博：weibo.com/cmp1952
　　　　　010-68326294　　金　书　网：www.golden-book.com
封底无防伪标均为盗版　　　机工教育服务网：www.cmpedu.com

序 言
企业盈利新曙光

盈利永远是企业家们生存的必聊话题！
盈利永远是企业家们思考的必要课题！
盈利永远是企业家们潜心研究的命题！

2019年对很多企业来说，盈利是一道难题！如果企业家不做出改变，或许看不到盈利的到来就已经阵亡。就像很多企业家说的那样，过去盈利很轻松，但现在这种好日子没有了！时代变了、科技变了、用户变了，变化的速度、深度、广度让很多企业家不适应，甚至怀疑这种变化的科学性。当构成商业的要素都在发生变化，盈利的方式、模式，甚至方法也会发生变化。古人言：物极必反！当事物发展到极端，会向相反的方向转化。反者道之动。欲成大事者，要学会反向思考，才能出其不意、一招制胜。下面分享三个小故事：

第一个小故事：1901年，伦敦举行了一次"吹尘器"表演。"吹尘器"以强有力的气流将灰尘吹起，然后收入容器中。而一位工程师反过来想，将吹尘改为吸尘，岂不更好？根据这个设想，他研制出了吸尘器。

第二个小故事：许久以前，有一个做酒店生意的老板。为了宣传和推销本酒店的产品，他别出心裁，想出了一个靠反向思维赚钱的好办法。

这位老板在酒店外的大街上建造了一个很漂亮的小屋，在小屋四周打了一些圆孔，并挂上一块极为醒目的大牌子，牌子上面写着四个引人注目的大字："不许偷看"。这四个大字充分勾起了过往路人的好奇心，路人都禁不住从圆孔处往里面偷看。

那么，小屋里到底有什么东西？对此，酒店老板早就设计妥当了。偷看者通过圆孔看到的是"美酒飘香，请君品尝"的漂亮字样，而在偷看者鼻子的位置，隔着一道很薄的墙壁，放的正是一瓶敞开盖子的美酒。许多人看完字样，闻到酒香，都不由得发出哈哈大笑，大笑之后，又都被老板别出心裁的经营招数所倾倒，心想：这家酒店的酒菜肯定有与众不同的地方。于是，很多人便抱着好奇心走进这家酒店，一尝为快。结果，这家酒店一下子变得热闹了许多。

这位酒店老板的确精明，用"不许偷看"四个大字成功地利用了人们的好奇心和逆反心理——越是不许看，就越好奇、越想看。不难看出，其诀窍也正在于反向思维。

第三个小故事： 日本有一家叫"东洋"的纺织公司，该公司的产品在20世纪50年代曾畅销日本，但从20世纪60年代末到70年代中期，因为化纤制品开始走向没落，东洋公司也因此受到巨大冲击。尽管公司一再减产，缩小经营，依然无济于事，还面临着破产的巨大危机。

就在东洋公司高层领导们苦无良策时，一个平常很爱动脑筋的中层员工找到公司领导说："目前，我们的同行为了提高产品质量，都在想办法把丝织品的线弄得更加粗细均匀，没有人将不均匀的线纺到一起，假如我们反其道行之，那就很可能会开辟出一条与众不同的新路，重新赢得市场。"

东洋公司的领导听后觉得很有道理，因为日本消费者的消费水平正在不断提高，越来越喜欢追求新颖、时髦，像过去那种传统丝织类衣服，已经对人们没有吸引力了，如果反其道行之，设计出细中有粗的丝织品，说不定会形成一种新潮流。何况，公司暂时也没有别的办法，何妨一试呢！

于是，东洋公司根据这位员工的建议，决定先小批量生产一批产品，投入市场以投石问路。就像吃惯了面食的人第一次吃米饭会感到很可口并一下子喜欢上一样，东洋公司这种新设计的产品一经推向市场，立马受到消费者的青睐，迅速被抢购一空。东洋公司一看到这种情况，立即申请专利，并大批量投入生产，就此公司很快摆脱了巨大危机，并赚到了巨额利润。

对于具有反向思考能力的人来说，所有的路都是金光大道！路在行不通的时候，普通人会抱怨，会消极，会悲观；高人则反向思考一下就可以转化，注意是"转化"！可是人们在惯性思维处于加速度的情况下，大胆启动反向思维是何其的难！

在整个商业底层逻辑处于大变革的今天，希望本书带给读者一些不一样的思考逻辑，也希望本书为企业的盈利模式带来一些新的探索，更希望本书引发企业家来一场思维革命。

反向盈利，新的一轮曙光正在中国的新商业世界里冉冉升起……

付守永

2020年1月3日

目 录

序言　企业盈利新曙光 / III

第一部分：反向思考，时代才是盈利的幕后推手 / 001

一、衰落企业的 3 大共性 / 002

二、为什么靠传统盈利模式越来越难赚钱 / 006

三、我国进入商业 5.0 时代 / 016

四、未来盈利的领域在哪里 / 019

五、我国企业赚钱路线图演变 / 026

第二部分：反向思维，新企业家群体的自我进化 / 029

一、传统企业家的思维危机 / 030

二、新型企业家群体从来没说的盈利秘密 / 038

三、反向思维架构是如何炼成的 / 041

四、什么是反向盈利 / 045

五、反向盈利的 5 大要素 / 050

第三部分：反向盈利的 6 大规划 / 055

一、反向盈利规划 1：先模式，后企业 / 056
——企业没有商业模式就像施工队没有图纸！

二、反向盈利规划 2：先路演，后生产 / 079
——给用户一个选择你而不选择竞争对手的理由！

三、反向盈利规划 3：先流量，后产品 / 096
——没有流量再好的产品也无法赚钱！

四、反向盈利规划 4：先融资，后干事 / 114

——用别人的钱干大家的事！

五、反向盈利规划 5：先团队，后项目 / 128

——没有团队再好的项目也会打水漂！

六、反向盈利规划 6：先现金，后利润 / 145

——所有企业倒闭都是因为没有现金流！

第四部分：反向盈利的 9 大模式 / 155

一、产品盈利模式　　操作点"高颜值 + 高品质 + 高性价比" / 156

二、渠道盈利模式　　操作点"人人都是渠道" / 167

三、资源盈利模式　　操作点"融合 + 垄断" / 175

四、场景盈利模式　　操作点"人物互动 + 价值感知 + 极致体验" / 177

五、服务盈利模式　　操作点"产品深度 + 人的价值 + 互联网技术" / 181

六、社交盈利模式　　操作点"信用货币 + 圈层消费 + 情感关怀" / 186

七、金融盈利模式　　操作点"杠杆原理 + 投资属性" / 188

八、生态盈利模式　　操作点"粉丝经济 + 价值赋能" / 195

九、品牌盈利模式　　操作点"价值定位 + 共情文化" / 196

第五部分：反向盈利时代宣言 / 203

一、反向盈利时代宣言 / 204

二、我国更好的商业时代才刚刚开始 / 205

三、反向盈利引领 6 大时代趋势 / 206

四、我们都为年轻商业而生 / 208

致谢 / 221

第一部分
反向思考，时代才是盈利的幕后推手

一、衰落企业的 3 大共性 / 002

二、为什么靠传统盈利模式越来越难赚钱 / 006

三、我国进入商业 5.0 时代 / 016

四、未来盈利的领域在哪里 / 019

五、我国企业赚钱路线图演变 / 026

一、衰落企业的 3 大共性

时代才是盈利的幕后推手,时代会造就一批企业,时代也会让一批企业衰落,衰落企业具有以下 3 大共性。

首先,与时代脱轨。比如美国柯达公司,曾经是感光界当之无愧的霸主。柯达曾占据全球胶卷 2/3 的市场份额,巅峰时期其全球员工达 14 万人,品牌价值超过 78 亿美元,市值最高达 310 亿美元,还有 1 万多项百年积淀的技术专利。从 1972 年数字成像技术问世,到数码相机的应用普及,柯达有长达 30 年时间去占据"数码影像"的龙头地位,但柯达对消费者体验固执地忽视,总想着把固有的生意延续下去。直到 2003 年,柯达才宣布全面进军数码产业,但已经丧失占领"数码影像"的先机。最终,因技术创新落后于尼康、佳能、富士等品牌,柯达彻底没落。2012 年,有着百余年历史的柯达公司申请破产保护。对于老牌企业而言,要么在固执和傲慢中倒闭,要么在持续创新中发展。任何故步自封、与时代节拍不符的企业,均难以赢得未来;而忽视消费者体验必将会使企业陷入举步维艰的困境。

如果与时代脱轨,即便是曾享誉全球的品牌,价值也会转瞬即逝。

不仅是美国柯达公司，还包括我国一些倒下的企业，不管是大企业还是小企业，如果跟不上时代，就会倒下。为什么小米公司的雷军一直讲顺势而为？不管你的企业在上一个时代有多么辉煌的商业战绩，不管产品有多好、老板有多厉害，如果与时代脱轨，企业必然会倒下。顺势而为是包含了观念变革、产品技术更新、消费者趋势变化，以及整个商业模式的切换。

其次，无法创造时代价值。日本长寿企业研究第一人后藤俊夫提出，能够成为百年老店的企业，不是它的管理多么好，而是它创造了时代价值。很简单，即便是你的企业再具有工匠精神，但生产的产品没有创造时代价值，也终将会被淘汰出局。

派克自来水笔公司（简称派克公司）是由乔治·派克先生于1888年在美国威斯康星州创办的。派克笔书写流畅干净，具有良好的储墨性，为钢笔带来了革命性变革。很快，派克笔在当时的美国社会成为地位与身份的象征。随后派克公司开始拓展国际市场，产品远销欧洲、澳大利亚、印度和东亚。在20世纪60年代，派克公司获准成为英国皇室书写用具和墨水的独家供应商，派克钢笔成了伊丽莎白二世的御用笔，这件事被广为宣传并最终使派克一举成名。

然而好景不长，随着1943年匈牙利比罗兄弟发明了圆珠笔，派克钢笔进入冰冻期。圆珠笔由于物美价廉，一问世就赢得了消费者的青睐。20世纪中叶，派克钢笔销量锐减。据当时《纽约时报》报道，派克公司身价大跌并一度濒临破产。到1985年，派克公司已连续5年亏损，亏损额高达500万美元。为了挽救派克公司，扩大市场份额，总经理彼得森做出了错误决策：全力生产3美元以下的廉价钢笔，企图靠低价策略拯救派克公司，此举使本已举步维艰的派克公司更是雪上加霜。原来认同派克笔高端定位的消费者纷纷离去，而派克公司在低端市场却毫无起色，从此百年品牌派克一蹶不振。派克公司在未来东山再起的可能性渺茫，它的衰落有着非常明显的特点：单行道，没有回头路。

派克的衰落，提醒每一个企业家要时刻去研究，什么是企业的时代价值。即便企业具有工匠精神，甚至做到了行业老大，一旦市场风云突变，产品偏离了新时代轨道，也终将会被淘汰出局。企业要想生存得长久，就要时刻思考这个问题：如何创造时代价值？

最后，认知框架老化。一个人的见识决定了一个人的财富。很多时候，企业发展，最终能走得多远、飞得多高，取决于企业家的见识。很多企业家实际上都很聪明也很勤奋，但却很难出成绩，原因何在？主要根源是企业家的认知框架老化。认知框架分6个层级，自下而上，最底层是信仰层，之上的第一层是心态层，第二层是社交层，第三层是破冰层，第四层是进化层，第五层是战略层。一个企业的认知框架老化，不仅是与企业家有关，也和企业家带领的高管群体的认知框架老化有关。

比如十多年前，在功能手机时代，诺基亚是全球手机的领导者。

曾几何时，诺基亚手机畅销全球，占据全球41%的份额，在当时能拥有一部诺基亚手机可以说是成功人士的象征。

1999年岁末，摩托罗拉推出了全球首款智能手机。智能手机一经问世，立刻赢得了消费者青睐。当智能手机出现后，诺基亚仍将赌注押在了功能手机上，认为功能手机还将持续很长一段时间，却不知在智能手机时代，新的争夺焦点已经从硬件质量转移到软件质量。诺基亚跟不上时代的发展步伐还执着地活在靠硬件吃天下的模式中，这种滞后的价值观，与智能手机具有的开放式价值观格格不入，属于典型的认知框架老化。

在功能手机时代，硬件是移动通信业的核心，一部手机的多数附加价值都基于硬件，而诺基亚的硬件和通信技术做得非常好，确实把手机的硬件质量做到了上乘，但手机进入智能时代后，软件开始在手机行业占统治地位，当内容跟手机设计绑定在一起时，情况就发生了变化。功能手机拼的是通信技术，是基站，是卫星；智能手机拼的是软件系统，是处理器、屏幕，是内容服务和各种智能化应用，而诺基亚却还在想着如何固守疆土。由于认知框架老化，诺基亚帝国走向衰落成为必然。

2013年9月，微软宣布以72亿美元收购诺基亚的设备与服务部门，手机业务从诺基亚剥离。一位诺基亚前高管无奈地表示："诺基亚的衰落不是阴谋，只是生意"。至此一个手机帝国陨落。

当下，科技进步是日新月异的，一家企业不论曾经多么强大，即便是像诺基亚这样有着近 150 年历史的老牌企业，只要一朝没有紧跟时代变化，动作稍缓，认知框架老化，就会被无情抛弃。最终那个可以用诺基亚手机砸核桃的时代，落幕了。

总结：衰落企业具有以上 3 大共性，而共性的规律，就是与时代脱轨，没有创造时代价值，企业家的认知框架老化，这是造成很多企业倒下的根本原因。

二、为什么靠传统盈利模式越来越难赚钱

为什么靠传统盈利模式赚钱越来越难？关键是这四个字：**极度竞争**。

如今，我国企业已经进入极度竞争时期，企业家普遍感到很焦虑，都想知道市场竞争环境到底发生了什么变化。

先要说明，谁不想赚钱？谁不想赚大钱？想赚钱，对一个企业家来说是非常正常的想法。赚钱永远是每个企业的刚需。作为企业家必须要赚钱，因为只有赚钱，企业才能活下去，才能给员工发工资，才能进行研发，才能够做广告宣传。即便是企业家个人，不赚钱怎么养家糊口，怎么支付孩子的教育费用，怎么让父母过上安定的生活？所以，一个企业家如果内心深处赚钱的欲望不强烈，对钱的渴望深度不够，那他这一辈子都赚不到钱！

然后问题来了，为什么现在赚钱越来越难？从 2019 年很多上市企业发布的财报可以看到，80% 的企业财报表现得非常糟糕。很多企业家都感叹 2019 年赚钱特别难！其实根源来自两个字：竞争。之所以赚钱越来越难，不是你的能力出了问题，不是你的学习行为出现了问题，也不是你的勤奋态度出现了问题，是今天的竞争越来越激烈。眼下，很多企业家爱讲一句话："如果不是因为竞争这么激烈，我的企业可以赚到不少钱。"30 年前，很多企业家做生意同样爱讲一句话："赚钱就像在地上捡钱一样。"因为那个时候这些企业家几乎没有竞争对手。

之所以现在赚钱越来越难，根本原因是"竞争"发生了深刻变化。30 年来，我国的市场竞争经历了以下三个阶段：

第一个 10 年阶段（1989–1998 年），无竞争阶段。当时企业做生意几乎没有什么竞争对手。那时的我国社会缺少大量实体企业，连乡镇企业和村办企业，都属于政府扶持的对象。企业当没有竞争对手时，赚钱就特别容易。受当时社会消费水平的限制，企业在这个时期的利润不见得有多丰厚，但赚钱的特点是容易。

第二个 10 年阶段（1999–2008 年），有竞争阶段。随着时代的发展，我国企业进入有竞争阶段，虽然赚钱不再容易，但只要努力肯干，利润也是相当丰厚的，因为民众的购买力也在增强，产品的市场份额变得越来越大。这个阶段，企业的利润是超级丰厚的。

第三个 10 年阶段（2009–2019 年），极度竞争阶段。到了极度竞争阶段，企业赚钱就相对比较困难了，利润也开始变薄。在极度竞争阶段，企业的净利润逐年呈下降趋势，一些企业甚至开始赚不到钱。20年前，我国的乡镇和村庄里几乎没有什么工厂，然而现在，到处都是工厂。

极度竞争，是今天企业家变得越来越焦虑的根源。企业必须从竞争的角度重新梳理赚钱的逻辑，从竞争的角度看当前面临的问题。如果一个企业家只是研究企业的内部情况，不研究企业的外部环境发生了什么变化，不管他有多么勤奋，不管他的学历有多高，赚不到钱是理所当然的。

众所周知，几十年以前，到北京一定要吃烤鸭，通常大家会去全聚德。那时候去全聚德吃烤鸭是一件很荣耀的事。

今天去北京，可以不吃全聚德烤鸭了，而选择吃其他饭店的烤鸭。如今北京出现了很多比全聚德烤鸭好吃，装修好看，关键是价格还便宜的饭店。不是因为今天全聚德师傅的烤鸭做得不好吃了，不是他们不努力了，而是竞争对手变多了。当你的竞争对手越来越多后，赚钱就会变得越来越难。这时候，如果还按照传统做法做，铁定赚不到钱。2019年，全聚德上半年公告显示，全聚德客流量减少34万人次。客流量减少代表着什么？代表着生意越来越差。

有一家做鸭脖生意好几十年的企业，在我国能排到前三名，在全国有400多家店。这家企业的老总说："早些年做鸭脖时，钱特别好赚。"2019年他说："现在纯利润直线下滑到一半,如今连15%都不到。"这几年为了满足消费者对鸭子生长环境的新需求,他们开始购买水源上游的鸭子,导致原材料采购价格涨了3倍。原材料采购价格涨了3倍,但零售的卖价却没有提高3倍,反而售价还一降再降,因为如果不降他们没有办法生存,有同行免费送消费者鸭脖的。通过这个做鸭脖的企业你会发现,今天的极度竞争有多惨烈!

研究发现,从改革开放初期到今天,40年来我国的商业经历了三个极度。

第一个极度,产能极度过剩。今天我国商业整体处于产能极度过剩的时代。比如,房地产产能过剩,潘石屹在2018年说我国房地产产能过剩5.5亿套。这是什么意思?意思是指把全国的农民都搬到城里去,房子都住不完。这几年我国政府一直在做一件事,就是去产能。过去做企业一开始就要建工厂,如今要慎重了!今天的我国工厂已经严重过剩,我国一般性的工厂已经处于产能极度过剩时期。

第二个极度,产品极度丰剩。一个是丰,一个是剩。丰代表着产品越来越丰富;剩代表着今天的产品越来越过剩。当下时代,产品已经变得既丰富又过剩。今天企业卖产品变得特别难,企业总是说自己的产品好,但消费者总有更好的选择。企业必须研究在产品极度丰剩的现状下,怎么才能把产品卖出去。

第三个极度,竞争极度惨烈。竞争惨烈到什么程度呢?惨烈到你不得不和竞品比降价，但在你们两家降价还没有比出胜负时，却蹦出来一家直接免费的企业。今天的企业，甚至无法预测竞争对手何时会"发疯"。

例如，康师傅方便面的销量严重下滑，其管理层原以为竞争对手只有统一方便面，却没有想到竞争对手根本不是做方便面的，而是做外卖的。这一事例说明，今天我国商业竞争已经进入极度竞争的时代。

企业家如何应对极度竞争时代？

一定要调整思维模式，国内很多企业家做事情，其思维模式通常是先思考内部，思考完内部再去考虑外部。他们通常先找到一大笔钱做投资，然后从研究企业内部开始，研究原材料进货，研究生产线布局，研究产品怎么生产。结果产品虽然做出来了，他却发现代理商根本卖不动，零售商也卖不动，这才火急火燎地想起来研究外部市场情况。这是国内企业家做生意总是遇雷最大的原因。

今天的企业家，应该先从外部情况开始考虑，再去进行内部思考，过去的先内后外的思考方式，从现在开始必须反过来。在极度竞争时代，企业应先考虑外部环境发生了哪些变化，根据外部情况来调整企业内部，企业要想清楚产品到底该如何跟外部市场需求相结合，千万不要把顺序做反了，如果做反了产品是一定卖不出去的。

今天我国商业环境的四大变化

第一个变化，消费模式重构。"80后""90后"主流消费人群正在重构整个社会的消费模式。"80后""90后"消费者跟"50后""60后"消费者完全不同。举一个简单例子，20年前，要买台电视机应该去哪里？答案是：到商场里面去挑。于是就出现了国美、苏宁和大中。今天"80后""90后"消费者在网上买电视机，在天猫、京东、苏宁易购、小米商城等平台上买。过去消费者买任何一件商品都要逛商场，但是今天"80后""90后"消费者会先去网上。今天就算企业的产品再好，如果消费者在网上找不到它，企业不能在第一时间在网上去吸引消费者，令他们对产品发生兴趣，那他们也是不会产生购买行为的。

"80后""90后"正在重构整个消费的模式，企业必须契合他们的消费观，去塑造你的产品，设计你的包装，设定你的价格，调整你的渠道。消费变革正在倒逼企业内部改革，倒逼整个企业发生革命性变化。今天企业要想做畅销产品，不是先研究产品，而是先研究外部消费者正在发生什么变化，这是我国商业环境第一个重要的变化。

第二个变化，消费品质重构。依照国际经验，当一个国家的城镇人均GDP（国内生产总值）接近或超过8 000美元时，消费就进入品质消费时代。没有品质制造能力的企业都将被淘汰。

是否质量好等于品质好？很多企业家会说："我的产品质量很好啊！只是卖得不好。"产品的质量很好，却卖得不好，很多企业家会思考是不是产品出了问题，但他们不知道问题出在了哪里，甚至判断是产品的质量还不够好，所以又投了一部分资金改造生产线，整改内部管理，将产品的质量做得越来越好。结果产品投入市场后，要么销量太少，要么库存太多，企业还是赚不到钱，这说明，好质量不等于好品质。

什么叫品质？品质由两个字构成，一个叫"品"，一个叫"质"。"品"包括三个维度：品位、品格、品牌。

第一个维度，品位。 2017年，有记者采访"90后"的消费者："你们有多长时间没有喝过娃哈哈家的东西了？""90后"说："自从大学毕业后，有5年没有喝过了。"记者问："你为什么不喝娃哈哈的东西？""90后"回答："觉得娃哈哈家的东西太土了！"你能理解"土"这个字吗？"土"用英文来解释就是太Low了，是指不好看、不美观。消费者说太"土"，就说明产品的包装、造型，都不具有品位。什么叫品位？好不好看，美观不美观，都属于品位。今天众多产品的质量不差，但是产品缺乏品质创造力，产品的品位不够。

关于品位，再举个简单例子。通过奢侈品和普通商品包装袋的对比，你会发现奢侈品卖得贵是有原因的。葆蝶家（Bottega Veneta，BV）是意大利出色的皮革品牌，是一个比路易威登（LV）还要高一个档次的品牌。BV 的袋子,颜色感观非常舒适,整个袋子的图案只有一个 LOGO（标志）。而通常普通商品的包装袋上面什么都印,厂商生怕浪费了袋子上的地方,所以你会发现包装袋非常"土"。通常我们买完商品将其装进包装袋,开口处一般最多用胶带粘一下。而 BV 在袋子开口处加上了一个小按扣,扣上就可以拿走产品了,这就叫品位。做一个袋子都这么用心,虽然产品要价不低,但消费者会觉得值！因为消费者拿到手里的感觉不一样。国内的一些产品只有质量概念,少有品位概念。

第二个维度,品格。这是指企业的产品有没有格调,格调就是风格,就是让消费者在众多产品里,一眼能认出来这是你家的产品。产品品格,是指产品具有鲜明个性,具有很强的辨识度。很多大品牌都有自己的专属颜色,看见这颜色就能联想到他家的产品。

第三个维度,品牌。品牌会有自己的名字,品牌都有自己的广告语,品牌一定有自己的价值主张,品牌必须有自己的独特文化,这些元素汇集构成了品牌。2019 年上市的三只松鼠,它的品牌名就比较好听,容易记,如果改成"三只老鼠"就很糟糕。

我国的企业家非常缺乏一门课程,就是学习如何做出有"品位、品格、品牌"的产品。未来做不到这三个"品",企业的产品是卖不掉的！不要告诉消费者你的产品质量有多好,要告诉消费者企业的产品很有品质！"品位、品格、品牌"要样样齐全,产品缺少了品质就会导致产能过剩,堆积成为库存。

什么叫品质？举例小米台灯。小米台灯的整体颜色是白色，为了突出这个白色台灯与众不同，小米将其中一小截电线设计成红色，这一红色设计就表现出台灯的品质。也因为这一点红色，小米台灯做到了区别于其他白色台灯，强调了小米台灯的个性。

第三个变化，商业模式重构。市场外部环境的变化、原材料与人工成本的大幅度上涨，日渐削弱了企业的利润。在极度竞争时代，企业要想获取利润，必须从产品到模式，从模式到产业链做整合。未来企业赚钱，仅有产品是不够的，还要设计出企业的商业模式。

第四个变化，企业软实力重构。企业的组织管理正进入软实力比拼阶段，未来企业之间的竞争，不单纯是硬实力竞争，更主要的是软实力竞争。什么叫企业软实力？企业的产品研发、设计能力，品牌文化，人心经营，教育培训，工作氛围，都是企业的软实力。软实力将成为企业未来的竞争力，所以，企业家在未来不光要有硬件制造能力，还要有产品软性制造能力。

除了这四个变化，小微企业的老总还面临五个难点。

第一个难点，销售难。由于极度竞争，产品销售变得越来越难。今天产品不好卖已成为普遍现象，不论你的企业是做什么领域的，多数产品都存在不好卖的现状。一旦产品不好卖，就预示着企业的现金流会出问题，现金流出了问题，企业离倒闭就只有一步之遥。

第二个难点，价格战。在未来商业时代，竞争会更加激烈。价格战不仅不会消失，还会越来越多。例如小米推出了一款很能写的签字笔产品，这支笔卖多少钱？卖9.9元一支！产品上市后的销售量有很多。

第三个难点，成本高。 未来做企业，成本会居高不下。未来，企业产品的销售会变得越来越难，产品之间的价格战会变得越来越激烈，但产品的成本却在不断上涨，这意味着企业的利润空间会被大幅度压缩。

第四个难点，缺少现金流。 很多企业缺少现金流的原因多数是受重资产拖累。现在企业普遍缺钱，现金流特别紧张。企业要及时解决现金流问题，如果不解决，企业随时都可能倒闭。

第五个难点，缺少新模式。 今后各种新商业模式会层出不穷，新商业模式会对传统企业产生颠覆性冲击，靠旧模式企业不赚钱，对新模式又不太掌握，逼迫企业家们去重新思考，企业到底该怎么活下去。

这就是今天整个商业环境所发生的巨大变化。除了以上所述的五个难点，企业家还得思考一个问题：未来企业赚钱的出路到底在哪里？

身处极度竞争的时代，企业赚钱的出路在哪里？如果解剖成功者案例会发现，真正赚到钱的企业，跟企业家的学历、能力，没有太大关系。如果仅靠努力就能赚到钱，我国老百姓应该成为全世界最富有的人。我国老百姓是最勤奋的人，早上 5 点起床出门，晚上 7～8 点才回到家，但老百姓中能成为富人的凤毛麟角。

企业要想赚钱，必须研究时代发生了什么变化，不紧跟时代的企业家几乎都赚不到钱。时代才是赚钱的幕后推手！

三、我国进入商业 5.0 时代

今天我国的商业已走进 5.0 时代。

商业 1.0 时代，倒买倒卖。早年间，我国企业赚钱模式很简单，叫利润差价。你从广东以批发价购买一件衬衣，花了 5 元钱，把它运到山东摆摊，卖了 15 元钱，你卖这件衬衣毛赚 10 元钱，去掉差旅费后，卖这件衬衣赚 8 元钱，这 8 元钱都进入你的口袋。这种赚钱的方式很好理解。在商业 1.0 时代，很多企业家基本上都是这样赚到钱的，从别家拿货加价卖出去。这个时代赚钱的载体是实体货物。我国最早赚到钱的一群人基本上都是靠倒买倒卖。这种模式是在改革开放初期，是很多人赚钱的路径，也是我国整个商业崛起的时代。

商业 2.0 时代，单体引爆。商业 2.0 时代最大的特点是单体引爆，这个时代赚钱的载体叫第三方互联网。从 2003 年有了淘宝，到 2004 年有了京东商城。在商业 2.0 时代赚到钱的一群人，都是在淘宝、京东商城上做单品售卖的，他们以量取胜。一款衣服可以卖千万件，一件衣服赚 1 元钱，一年可以收入上千万元。在商业 2.0 时代，有一群人觉醒了，他们发现原来通过在淘宝卖东西，也可以赚钱，于是很多商家纷纷入驻淘宝平台，在淘宝上开店，但是现在绝大部分在淘宝开店的人已经赚不到大钱了，因为那个时代已经过去了。

商业 3.0 时代，深耕服务。随着时代进一步发展，商业进入 3.0 时代，其特点是深耕服务。有一群人发现仅靠售卖产品，赚钱越发困难，但通过增加服务能够赚钱。十几年前，商家为了促进销售，在顾客买东西时，会送一些小礼品、小赠品。商家通过额外赠送来讨好顾客，这就产生增值服务的概念。在我国通过服务赚钱的最有说服力的一家企业叫海底捞。海底捞很早就洞察到，如果光靠火锅，很难跟同行产生差异化，为了让自己胜出就要增加额外服务。于是十几年前海底捞开始免费为顾客提供美甲、按摩、擦皮鞋服务，口碑一路高启，一举赢得了大批回头客。商业 3.0 时代是通过产品的增值服务来赚钱，这个阶段又成就了一群人，但是现在再想学习海底捞的服务来赚钱，几乎不太可能，因为人口红利期已经过去。十几年前招一名员工需 600 元钱，现在招一名员工给 4 000 元钱，也不见得有人做。不是海底捞的服务有多难，是你无法支付高昂的人力成本，时代变了！

商业 4.0 时代，靠影响力。随着时间的延续，商业进入 4.0 时代，企业家可以靠影响力赚钱了，这个时代赚钱的载体是社交媒体。我国出现了马云，出现了刘强东，出现了雷军，出现了吴晓波，出现了罗振宇，进入靠个人影响力赚钱的时代。今天企业家的知名度越高，影响力越大，就越能赚钱。尤其是做微商和直销的，他们赚钱靠的就是发挥自己的影响力。当商业进入4.0时代，你甚至可以没有产品，可以没有生产线，没有自己的员工，没有自己的渠道，你只要有影响力，就可以赚到钱。这些年一群做微商的、做直销的人，都赚到了钱。他们往台上一站，用两小时的演讲，可以说服一万人跟随他们。随着靠影响力赚钱，进化出信誉经济。很多做微商、直销的人靠影响力赚到了钱，但因为其中不少人不注重个人信誉，在经营中不讲诚信，最终锒铛入狱，财富也随之消失，当引以为鉴。在未来，企业家千万不要破坏自己的信誉，因为在未来个人的信誉是可以当钱使用的。

商业5.0时代，聚人圈人。进入商业5.0时代，赚钱必须要聚人圈人。在未来商业时代，能不能赚到钱，不是看企业的产品有多好，而是先看企业能不能把人聚拢过来，把人圈起来。未来时代是一个聚人圈人才能赚钱的时代，所有不能聚人圈人的企业，即使有产品也是没办法赚钱的。

未来，企业家跟谁连接在一起至关重要。迈入商业5.0时代，不要告诉别人，企业的产品做了多少年，因为今天，我国最不缺的就是产品，也不缺比你的企业产品好，价格卖得比你的产品还便宜的产品。

商业5.0时代的载体叫小众品牌。未来小众品牌都可以找到自己的市场，大品牌通吃天下的时代过去了。十几年前的洗发水都是出自宝洁，现在宝洁已经不是必选产品了。未来会出现很多小品牌，甚至一个人都可以成为一个小品牌。只要形成小品牌就可以实现商业变现。小品牌的流行说明未来市场就是人心市场，未来产品只有赢得人心，才能真正获取商业价值。

我国商业已经进入 5.0 时代，我国 90% 的企业家的思维还停留在商业 1.0 时代，靠倒买倒卖产品赚差价。这种企业家虽活在当下，思维却还停留在三十多年前。企业为什么赚不到钱？是你企业没有走在时代的道路上，要踩准时代的财富步伐，首先要调整自己的步伐。

四、未来盈利的领域在哪里

我国从消费时代已经进入大消费时代，在消费时代，人们仅仅是为了满足生存和基本生活的必需消费，随着 2020 年我国人均 GDP 预计突破 10000 美元，大消费时代正式到来，我国将实现第三次整体社会财富的大转移。

未来，我国非常赚钱的领域是在大消费。

什么叫大消费？因为"消费"前面有个"大"字，通俗理解大消费，就是消费的半径在扩大。大消费由三个维度构成，如图所示。第一个是个人消费；如果你做的事情跟个人消费有关，你就会赚大钱。第二个是家庭消费；所有做跟家庭消费相关的产品的企业家，未来都可以赚到大钱。第三个是精神消费；做娱乐、教育、培训等与人的精神消费相关的产品的企业家,在未来大消费时代都会赚到大钱,以下具体阐述。

第一个维度,个人消费。在 40 年前的改革开放初期,我国一个家庭的消费支出中 95% 跟家庭消费有关。什么是跟家庭消费有关的?买车买房,买锅买盆,买空调、冰箱、洗衣机等都是跟家庭消费有关的。在未来 10 年,个人消费将超过家庭消费,如护肤品、化妆品、保健品,都是跟个人消费有关的产品。从今天起,企业做的生意只要跟个人消费有关,那么未来极有可能成为一家 10 亿级企业,乃至上百亿级企业。未来在我国 14 亿人口中,中产消费人群将会有 5 亿人。中产消费是一个国家最具消费能力的一群人,他们年收入基本在 10 万元以上,这些人的家庭被称为中产消费家庭。个人消费在未来将会蓬勃发展,我国的个人消费的潜力还远没有被挖掘。

第二个维度,家庭消费。未来 10 年,所有跟家庭消费相关的产品都会升级。过去的电视机都是厚厚的,如今的电视机都是越来越薄。

家用冰箱也要升级，未来冰箱会变得越来越智能。此外，未来空调不光能制冷、制热，还要美观。于是小米空调出现了，价格卖得还便宜。凡是跟家庭消费有关的产品，都会重新升级，做得既要有美感，价格还要低。

第三个维度，精神消费。未来我国最庞大的市场就是跟精神消费有关的市场。比如，去剧场听相声，看演唱会，听音乐会，看画展，上跟心理学有关的课程，接受各种教育培训……这些精神消费目前都在蓬勃发展中。精神消费在我国市场才刚刚开始，未来人们越有钱，就会越发舍得在精神消费产品上花钱。

大消费里面出大生意！

企业今天做生意只要跟消费有关，一不小心就会把生意做得很大。2019年，小米进入世界500强，小米从创办起，仅用了9年时间，就进入世界500强，是世界500强中最年轻的企业。小米做的所有产品都跟什么有关？都跟大消费这三个字有关，也就是小米做的产品要么跟个人消费有关，要么跟家庭消费有关，要么跟精神消费有关。所以，谁能够抓住下一个时代趋势，谁就能赚到大钱。

企业家别整天忙忙忙，"忙"这个字怎么写的？一个"心"加一个"亡"，你问很多企业家，你在干什么？他说自己很忙。忙什么？他说自己在瞎忙。一个企业家在今天这个时代不应该瞎忙，一定要忙得有质量。

什么是忙得有质量？不论是之前赚到大钱的，还是准备在未来赚大钱的企业家，其中成功概率大的，全部都跟大消费有关。这说明，如果企业未来想赚大钱，必须要去投资和大消费有关的生意，选择跟大消费有关的市场做生意。记住，时代才是赚钱的幕后推手！

大消费时代的四大特点

特点一：未来大消费，将从炫耀性消费转变为轻奢主义。 什么叫炫耀性消费？比如10年前，你买一个LV的腰带，或者买一个爱马仕的腰带，哪怕是在大冬天都要显露出来，让人看见这是名牌。现在，工地上搬砖的都有爱马仕，你还炫耀吗？当一个人精神生活慢慢改善了，就不需要通过炫耀去找自己的存在感，未来的消费将是从炫耀性消费转变为轻奢主义。所谓轻奢，就是品牌的LOGO会变得越来越小，比如现在LV正在做去LOGO化的变革，因为轻奢主义通常是低调的。

轻奢主义消费有几个特点：首先，轻奢主义消费人群的特点是先看价格。在品质差不多、设计差不多的情况下，消费者首选价格低的。普通消费者购买的逻辑，不是先比质量，而总是先看价格。雷军讲过一句话："在今天这个年代，如果你把品质做得越来越好，价格做得越来越低，才叫本事。"

其次，看这个产品是不是原创设计。消费者买产品要看产品是不是原创，有没有专利技术。如果企业的产品没有自己的原创设计，不能够让别人一眼识别出是该企业的产品,那么企业的产品就已经进入危险的同质化。

再次,看产品是不是用了高品质原材料和新工艺。未来消费者会更注重高品质原材料和新工艺相结合,比如小米的台灯、电饭煲就是高品质原材料和新工艺的结合典范。

最后,看企业产品有没有个性化的风格。如果消费者一眼记不住企业的产品,那产品销售就困难了。未来,企业如果没有产品设计人员,说明企业的人才结构出现了问题。我国的企业,最让人头疼的是,不太注重产品设计,不了解产品销售的卖点在哪里。

特点二:未来大消费,将从追求高价格转变为追求高品质。过去人们为了显示自己有钱,把钱花在了追求高价格上。未来大消费时代,越是价格虚高的产品,被抛弃的速度就会越快,而追求高品质的消费者会越来越多。一些滞销产品的最大问题是价格涨得越来越快,但产品的品质并无改善,最关键是服务还没有什么改进,消费者觉得产品性价比越来越低,再往后就不买这个产品了。价格高并不代表品质高,这就是大消费带来的变化。

特点三:未来大消费,将从单纯购买产品转变为购买服务。

企业的产品要服务化,卖一个西瓜最好配把勺子。不要小看这把勺子,它传递的是一种感觉,一种为消费者服务的感觉,消费者用不用不重要。

买过三只松鼠产品的人都知道，它通常会送一个开箱工具、一包纸巾、一个垃圾袋，这就是产品的服务化。再比如小米手环搭配的软件可以测试心率，这样就使手环有了服务功能。今天企业的产品如果不能实现服务化，那么产品就没有办法打动消费者。

特点四：未来大消费，将从满足物质消费转变为满足精神消费。

未来的消费，不光重视物质消费，更要重视精神消费。当人们解决了基本的温饱问题后，精神消费会变得日益重要。精神消费，是指你的产品好看，你的产品承载着某种价值观、承载着某种文化、承载着某种情感。消费者使用产品的时候，能跟他的内心产生连接，这就是精神消费。

时代正在发生翻天覆地的变化，企业家们应有一个深度思考。要重新思考产品该怎么做，重新思考企业该怎么做，重新思考商业模式该怎么构建，更要重新思考，未来你的企业到底靠什么赚钱！

大消费时代的两大影响

大消费时代到来，还将对整个商业产生两大影响。一个是本土品牌将取代洋品牌；另一个是年轻品牌将取代老品牌。

影响一：本土品牌将取代洋品牌。 在大消费时代，我国的本土品牌已经取代一些洋品牌，我国的很多原创品牌未来会越来越有市场。20年前，我们很多人的主要消费品中90%都是外国品牌。未来大消费时代，80%的消费品会是国产品牌，这个变化，在国内"90后""00后"消费者身上会尤为明显。"90后""00后"消费者不再像早先的消费者那样"崇洋媚外"了，随着我国国力的增强，年轻的消费者会更加喜欢自己国家的品牌，所以本土品牌将会拥抱下一个十年。

当一个国家的经济发展到一定程度，这个国家的国民就会更加自信，民众消费本国产品的意愿就会增强。这就是为什么小米能快速崛起，为什么华为手机能成为全球畅销品牌。

影响二：年轻品牌将取代老品牌。大消费时代，年轻品牌将取代老品牌。现在很多企业家说自己的品牌是新创的，这种说法是正确的，因为企业越是新创就越有机会。因为今天的消费者更偏爱新鲜，他们的尝试性更强。这就是商机，即便企业的产品一时没有变化，企业家的经营理念至少要发生变化。

未来十年终将是大消费的十年。所有能够赚到大钱的企业，他们赚的都是时代的钱。只要抓住这个时代，就能够赚到大钱。大钱是指上千万元或过亿元的钱，不是指养家糊口的钱。

如果你是做传统制造业的企业家，当事业已经做到顶峰，并遇到了天花板，建议把这个生意交给其他人去做。企业家应该去做另一家公司，做一家跟消费有关的公司，这样才能找到下一个财富之源。企业家是不能一条道走到黑的，遇到天花板后，企业家应思考一下，企业做的生意到底是跟个人消费有关，还是跟家庭消费有关，还是跟精神消费有关，如果跟这三种消费都无关，那时代将会向你发出辞退函。

今天的企业家，应该思考的重点是，怎么能够让企业做的事情跟大消费结合，怎么能够在大消费时代赚到钱。

五、我国企业赚钱路线图演变

回顾这40年赚到钱的企业，可总结出以下三个企业赚钱的阶段。

第一个阶段，过去赚到钱的是制造业企业。 制造业企业最早享受到我国的人口红利，我国最早一群赚到钱的企业家是制造业企业家。他们不是东北人，也不是山东人，而是广东人。广东的工厂也是全国工厂最集中的地方，不管是生产化妆品还是小家电，企业如果想加工产品，一般都要去广东。广东人为什么率先富有，因为他们是最早做工厂的，因此一群制造业企业家致富了。

第二个阶段，现在最赚钱的是互联网企业。 不管是百度还是网易，不管是阿里巴巴还是京东，这些企业都赚到了大钱，它们都是依靠互联网赚到了钱。今天的企业家，能不能再做出一家淘宝？能不能再做出一家京东？很难！今天只要算互联网入口的地方，都被各种App把持了。很多企业家说自己不懂互联网，制造业也过时了，那以后靠什么赚钱？上帝是公平的，关上一扇门就会为你打开另一扇窗。

第三个阶段，未来最赚钱的是消费领域的企业。 未来大消费时代，最有可能赚钱的就是做消费领域的企业。小米根本就不是制造业企业，也不是做手机的，小米实际是一家消费领域的互联网企业。能理解小米为什么要做电饭煲，为什么要做插线板，为什么要做牙刷？因为这些都跟消费有关。所以，今后最能够赚到大钱的企业当属消费领域的企业。未来十年，企业的致富机会就是在消费领域，只要企业开办做个人消费、家庭消费、精神消费领域的生意，企业就可以赚到大钱！

未来企业家都要再造新生

在未来时代，企业家要想盈利，都要学会重新做人。

过去要想盈利，企业是靠产品销售和管理。现在企业再想盈利，得靠全新的商业模式。在未来时代，仅有产品，企业是赚不到钱的，必须要透过产品设计出商业模式。企业有了商业模式仍不够，还必须去做招商和融资，还得靠投资，靠导师，靠生态。未来的企业家不仅要学会投资，还要去构建生态；不仅要会做企业家，还要会做导师。

未来的企业家，都要掌握反向思维。

马云是一个不走寻常路的人。 马云说在极度竞争时代一定要有反向思维，他就是一个具有反向思维的人，是他让阿里巴巴成为世界级企业。马云为了训练企业员工具备反向思考问题的逻辑，特意在阿里巴巴推行了一个非常重要的文化叫"倒立文化"。马云告诉员工一定要颠倒看世界，反向看世界，通过倒立，让员工反向思考人生，反向思考商业。当传统商业之道走到尽头时，下一步必须要反向行走，唯有这样，企业才能找到新的思路，才能找到新的盈利方案，才能重获新生。

"行业可以传统，思维不能传统"。企业家一定要重新思考，重新想象，重新找到赚钱的方法、路径、模式。"思维不迭代，干啥都歇菜"。天下武功，唯快不破，反向思维，就是那个快！

第二部分：
反向思维，新企业家群体的自我进化

一、传统企业家的思维危机 / 030

二、新型企业家群体从来没说的盈利秘密 / 038

三、反向思维架构是如何炼成的 / 041

四、什么是反向盈利 / 045

五、反向盈利的 5 大要素 / 050

一、传统企业家的思维危机

我国传统企业家的平均年龄在 40 岁以上，高管年龄在 35 岁以上，这些人在传统商业领域经验丰富，呼风唤雨，纵横驰骋。但近年来，我国的企业家普遍陷入焦虑，他们长吁短叹，都说自己很难。原来的赚钱模式变了，这个世界不再属于他们了！企业家普遍都有一种非常严重的危机感，大家突然都找不到方向了。有危机感是企业的幸事，马化腾说过："作为企业领导者，没有危机感，才是企业最大的危机！"如果没有危机感，我国的企业家不会有这么多的痛苦，也不会有刻骨铭心的反思，更不会有之后如泉涌般的感悟。我国企业和欧美企业很大的不同就是，我国企业多数要在很艰辛的环境中竞争，才能脱颖而出，这就需要我国企业家必须具有超人的意志，还要有非常大的智慧才行。

我国企业家们应反思焦虑的出处，即使自己真的只剩半条命，也要去做自己最擅长的事情，只有找到问题的根源，才能捡回另外半条命，砥砺前行。研究失败企业的规律时会发现，失败企业真正的危机是没有一家企业的危机是从外部袭来，只有当企业家漠视自身不足时，企业才会遇到真正的危机。

根据五年来，对企业的走访调查，发现我国传统企业家深层焦虑的根源不是资金，不是生产，不是产品。他们焦虑的是赚钱的模式变了，新的盈利方式完全颠覆了认知，但他们却一时半会无法切入新的商业赛道。这些传统企业的行家究竟哪里出了问题？让我们先看看传统企业家在企业经营上的6大思维模式。

传统企业家思维模式1：先做企业，再选模式。

很多企业家先是找到了一个好项目，然后开始找投资，或者自己投资。企业家通常是先成立一个企业，注册企业，租办公地，买设备硬件，招一些工人，请几个管理人员，聘几个销售人员，都做完了，却不知道下一步该怎么做了。他们不知道这个产品怎么卖，谁来卖，用什么方式卖，怎么保障现金流，没钱了怎么办，企业的商业模式到底是什么。

有的企业家是边干边想，想起什么就做什么；有的企业家是坐等有了产品再说，好容易熬到产品上市了，发现产品根本卖不动。企业没有一个清晰的商业模式，于是企业家四处打听同行是怎么做的，想照葫芦画瓢。结果发现产品不好卖，渠道不好建，招商融资也困难，更别提现金流了。企业家这样做企业势必做不大，爆款产品始终不会出现，销售额也没有爆炸性增长。产品生产之日就是库存堆满之时，随后就是车间停工停产。产品卖不出去，员工却越招越多，钱只出不进，企业经营上处处缺钱，企业家焦头烂额。

企业家这时候才发现，企业并没有一个明确的商业模式。什么是商业模式？商业模式就是一个企业怎么赚钱的途径。企业设计商业模式时至少要把5件事想清楚：产品的流量在哪里？用户怎么实现转化？销售时怎么提高客单价？怎么提高客户的复购率？怎么转移销售成本？如果99%的成本都由企业承担那就很麻烦。好的商业模式一定是自带客流量的，而且是长流不息的客流量。企业如果没有清晰的商业模式，尤其初创企业想靠卖产品赚钱，那基本上是纸上谈兵。

传统企业家思维模式2：先抓生产，再做路演。

传统思维企业家总觉得自己很厉害，坚信产品做出来后一定可以卖出去。那是你的想法，并不代表别人会认同，更不是市场共识。传统企业家一般是先从生产开始，然后做宣传，最后招一群人去销售。这种模式的缺点是库存压力巨大，现金流特别紧张，产品一旦卖不出去，就真成了满满的库存。当市场上的新品不断推出时，这些库存都是雷。

比如，保时马电动车公司在2017年时仓库里存了100多台电动三轮车，送都送不出去，令其老总愁眉不展。企业产生的很多库存，很可能就是压倒企业的最后一根稻草，因为卖掉的才是钱，卖不掉的都是成本。

另外，传统思维企业家不重视路演销售展示，总是把路演放在产品制造后再考虑，总觉得产品都没有，宣传等以后再说。等产品真需要推广的时候，才发现品宣的周期很长，花费很多，效果还不好。

产品有人买是运气，没人买是常态，令企业家浑身上下感到憋屈。

为什么憋屈？因为自信心受到了打击。做企业家永远不要为了证明自己很厉害，而去做企业家。你要为企业的命运负责，要为跟随你的兄弟姐妹负责，你厉害不厉害，有什么好证明的！很多企业家说必须要证明一下自己，其实不需要证明，内心深处真正有自信的人，根本不需要向他人证明什么。企业家让大家赚到钱，帮别人创造了财富，就已经证明了自己的能力，想自己证明自己的人，几乎都是没有真本事的人，成功的企业家都不用证明自己。通常产品生产出来后不好卖，是因为销售展示启动得太晚，轻视路演的时效性，颠倒了生产和招商的顺序。传统思维企业家固执地坚信，只有生产车间正常了，才是销售的开始。

传统企业家思维模式3：先做产品，再找流量。

很多传统企业花了一堆钱用于研发产品，产品出来后却不知道卖给谁，更不知道流量在哪里。有企业家说：我的产品好，效果好，技术好，质量好。那为什么你的产品卖得不好？研究发现，很多企业的产品之所以卖得不好，一个主要原因就是产品开发一厢情愿。

很多传统企业家非常懂产品，懂技术，懂研发，懂工厂，懂采购，但是其中95%的企业家唯独不太懂人，更不懂流量在哪里？今天我国有14亿人，人在哪里，流量就在哪里。互联网时代，我国的人流量最多处是在两个地方：

第一是微信。目前微信是企业获取人流量非常重要的一个阵地。有的企业家在朋友圈里直接发产品广告，结果被朋友厌烦地屏蔽了。企业用好微信的朋友圈很关键，一定别老发广告，同时，微信公众号、企业号要养，别总梦想着立竿见影。

第二是微博。企业至少要在微博上开通自己的官博。官博也要养，变不成大V也要圈一些粉丝。不要一看点击量不高，就像泄了气的皮球，一个月都更新不了几条。我国很多企业家抱着金娃娃，就是变不回来钱，因为他们的思想实在是太跟不上时代了。微信他们不会用，微博他们也懒得发，他们还活在传统商业社会的时代。

其他人流量多的平台，如抖音平台，用户刷着刷着视频就出来一个广告，对这个广告感兴趣的就会点进去看看。此外还有今日头条以及拼多多平台。流量在哪里你就要把生意做到哪里。目前我国的人流量都被这些平台聚合了，与之对比，逛商场的人越来越少了，在商场里面买东西的人也越来越少了。今天的消费者都很聪明，他们在商场里看中一些好的商品后，不在现场购买，而是拍个照直接上网买了。

传统企业家思维模式4：先干事情，再去融资。

很多企业家每天忙得不可开交，企业却总是缺钱。因为企业家很少从烦琐的事务中解放出来，专门去做找钱这件事。做企业老总，找钱是非常重要的核心工作，你的职业经理人不负责找钱，你的管理干部不负责找钱，对一个企业来讲，负责找钱的人就是企业老总。

很多企业老总说，除了从银行贷款，真不知道还能从哪里找到钱。

企业怎么找钱呢？广交朋友！我国人讲究"朋友多了路好走"。很多传统思维企业家做企业很短视，对当下有用的人就交往，对当下没有用的人就不交往，逢年过节连个联络信息都不发给朋友，有一天突然缺钱了给他们发短信，不要说借2万元，2000元都借不来，因为朋友们会觉得很奇怪，两年都没有联系的人，为什么突然会借钱呢？

很多企业老总一聚餐总是那几个人，没时间去交有钱的朋友。什么人有钱？一是投资人有钱，比你企业做得好的人有钱；二是有资源的朋友有钱，资源能够帮你变出钱来。企业家交朋友要把时间花在对的人身上，要持续不断地播种，久之口碑一定会很好。一个企业家千万不要破坏自己的口碑，没口碑的人找不到钱。

找钱这件事情很重要，找钱就要交朋友，交朋友就要交有钱的人、交有资源的人做知心朋友。这些朋友在你缺钱时，会全力以赴帮助你。企业家要持续不断维护好核心圈的朋友。如果在今天这个时代，企业家交不到朋友，首先要检讨自己是什么心态，如果仅仅抱着利用别人的心态，那就交不到朋友。只要是发自内心，真诚地和人做朋友，在自己困难时才会有人出手帮自己。

传统企业家思维模式5：先上项目，再建团队。

很多企业老总花了很多时间在项目上，在场地上，在设备上，在资金上，但花费在找人上的时间，却少得可怜。

一个优秀的企业家，就是要持续不断地去找人。企业未来要不要发展？要发展就需要人才。最棒的人才在哪里？一定不是在人才市场，一定不是在猎头那里，一定不是在招聘广告上，而通通都是你找来的。如果你身边聚集一群都是做过企业负责人的人，他们愿意跟你一起创业，那你要干的事必定能做成大事。很多企业家因虚荣心作怪，比较护面子，从不主动交朋友，想干大事，千辛万苦，却总是孤家寡人一个。

很多企业家做项目做得不太好，对团队下达的指令总是朝令夕改。现实中，特别喜欢更改项目计划的企业家不在少数。也有时候不是企业家有问题，是做项目的那一群人出了问题，是团队有问题。换个团队，也许项目就做起来了。企业家能找到优秀的团队带头人很关键，很多企业家做项目做得不好的重要原因，是好马配破鞍，好项目一定要配好人才。企业做了一个很好的项目，却没有相应的人才可匹配，那这个项目一定会失败。如果没有合适的人才，一个项目本来半年就可以做起来，却耗了两年没有做起来，企业的钱还会折腾光了。即便是找到了好的人才，也不是万事大吉，企业家仍要不断学习。老总一定要带着身边的高管去学习，只有老总一个人学习的时代已经过去了，要带着左膀右臂一起不断学习，让高管和老总的思维保持在同一个频道上，这样在工作中沟通起来就特别容易，否则就会很难。

传统企业家思维模式 6：先挣利润，再留现金。

传统思维企业家特别强调利润，不太在乎现金流，结果造成三角债成堆。传统思维企业家做企业的时候，常常爱做第二年的盈利规划，然后把规划变成任务，比如要求第二年的毛利率要保持 30%，净利润率保持 25%，于是企业家就开始计算，如果要赚 1000 万元，销售额就要做到 3000 多万元。至于这其中能有多少是可回款的现金，实际上自己无法把控。

传统思维企业家经营，很少有以现金为基础的，企业的应收账款很多，利润都是纸面富贵。曾经有位老总说去年企业销售额 3 亿元，但销售回款情况是 2 亿元没收回来！一个企业有太多应收账款，就会存在巨大的风险。很多温州企业，或很多浙江其他城市的企业，倒闭的原因是什么？是企业外面的应收账款太多了。这个世界上最好的生意是现金流的生意。对很多传统思维企业家来说，把企业做到 5 个亿，幸福指数都不一定赶上村子里卖豆腐的人。村子里卖豆腐的人，别看他赚钱不多，他的幸福指数却很高。为什么？因为他天天现金流充实，卖一块豆腐收一份钱，落袋为安。商界流传着一句话：收回来的叫钱，没收回来的叫纸。

以上是传统企业家，在企业经营上常见的 6 大思维模式。传统思维企业家应时刻保持危机感，尽快改变企业陈旧的经营模式，在一个难以预知和操控的商业时代，将帅的认知思维至关重要。

这个时代，埋头苦干者拼不过顺势而为者。

二、新型企业家群体从来没说的盈利秘密

在新商业时代如何盈利？小米公司无疑是当下最成功的企业之一。下面来看看小米的盈利秘密是什么，看看我国的新型企业家群体，如雷军是如何将企业从零做到世界500强的。

小米从零开始的第一步：怎么活下来！

小米找到生存之地。一个小公司，没有资源、没有品牌、没有用户，什么都没有的时候，就必须找到一块最适合的战场，这个战场是让大公司看着眼馋，但就是不敢涉足的。最终，小米找到了这样的战场，一片红海中的蓝海——售价2000元的智能手机。小米想在不靠硬件赚钱的模式上，发展自己的手机品牌，软硬件高度一体化，主攻定位中档手机。2000元，价格不高不低，基本配置却和高端手机看齐，甚至领先。小米精确计算过三星、苹果、华为等品牌手机产品在这个价位的利润空间，确定这些大牌手机厂商会认为这是"鸡肋"市场，没什么利润可赚，因此不会对小米手机采取竞争性打压。这需要精确计算，一旦计算不准招致三星等手机厂商出品同类产品打压，初创期的小米手机必死无疑。此时的小米首先要考虑的是能活下来，之后才是发展。果然，小米手机上市后，其他厂商左右为难，这个"鸡肋"价位的手机市场还真不太好进入，纷纷主动放弃了和小米的同赛道竞争，给了小米立足之地。

小米从零开始的第二步：拥有自己的技术绝活！

小米手机与移动互联网混合的技术模式，也使得小米在 2000 元价位没有竞争对手。所有做 Android（安卓）开发的竞争对手都不是小米做手机的竞争对手，而所有做手机的竞争对手又都不是小米做 Android 开发的竞争对手。基于上面两点，小米拥有了一块宝贵的技术性生存根据地。这个根据地形成了小米的品牌围墙，可保障公司活得长久。

小米从零开始的第三步：打造自己的运营模式！

小米有自己的运营模式。小米走出了一条自己的长征路！为规避竞品手机随时可能发起的围追堵截，小米手机创立了一套完全属于自己的运营模式。小米的运营模式与传统手机厂商如中兴、华为、酷派、联想的完全不同。小米采取的是轻资产运营模式，自己负责研发、设计、售后服务等，生产、物流配送环节全部都外包。小米采用外包形式减少了固定成本的投入和摊销，甩开了最重、最积压资金的成本。这种模式和乔布斯做苹果手机类似，但在当时的我国手机市场上还没有厂商敢去这样运作，只不过苹果手机是把利润点放置在高端手机上，所以业内人称雷军是"雷布斯"。

小米从零开始的第四步：创新自己的盈利模式！

小米的盈利模式创新

目前手机厂商的盈利模式都是靠销售手机赚钱，包括苹果、三星及华为、联想,甚至是一些山寨厂商。在盈利模式上,小米本可以跟传统手机厂商一样靠硬件盈利,但雷军不,他选择把价格压到最低、配置做到最高。最终小米取得了巨大成功,高性价比成了小米的招牌。

小米靠用户口碑圈人

作为一家互联网公司,小米更在意的是用户口碑。小米认为只要有足够多的用户,盈利自然不是问题。比如,早期小米公司只卖出 100 万部手机,但是吸引了几千万名移动互联网用户的关注。小米与苹果都是靠口碑引流,区别是苹果的利润主要来自硬件,而小米却不靠硬件赚钱,是靠增值服务赚钱。小米通过自己的论坛、自己的 App,自己的各种新媒体渠道,再通过产品路演发布会、线上限时抢购活动等,辅以线下举办的各种活动,牢牢地把"米粉"圈进自己的产品生态圈。之后再通过一系列增值服务,实现在小米产品生态圈中大卖特卖小米产品。一整套组合拳打下来,令小米销售额直线飙升。

小米靠智能家粘人

小米用产品把科技公司做成了一个智能的"家"。小米家用智能产品很全,有电视机、路由器、机器人、插排、护眼灯、音箱、马桶盖、台灯、电饭煲、剃须刀、电动牙刷等,只要是家里能用到的,就没有小米不卖的。目前小米已上市 200 多款产品,基本上都是围绕大消费市场开发的,不是个人消费品,就是家庭消费品,或者是精神消费品。据统计，在 2018 年，从客厅到卫生间到卧室到厨房，买齐小米全部智能产品，凑齐一套"小米的家"花费是 36 321 元，如今小米还在不断地开发新产品。

小米做成了世界级品牌

2012 年，雷军提出了小米铁人三项，也称小米品牌铁三角："软件＋硬件＋互联网服务"。目前能和小米对标的同类企业，放眼全球也仅有苹果和华为公司。小米的铁人三项，实现了从应用软件到安卓系统再到最后的硬件自给，硬是在安卓生态系统中构建出一个由小米手机、MIUI（米柚）、小米盒子、小米商城、云服务和开发者组成的社会化生态圈。从建立根据地，到去走长征路，到进入"无人区"，到"农村包围城市"，到宣布"王国"成立，到 2019 年进入世界 500 强，小米仅用了 9 年时间，通过生态战略，走出了一条我国新型企业的盈利之路。

三、反向思维架构是如何炼成的

反向思维也叫逆向思维，它是对约定俗成的商业思维按相反方向进行思考的一种求异思维方式，是相对于正向思维和传统思维而言的。

进步与进化思维

企业家如果商业思维滞后,眼光不可能进步,如果商业模式观念不更新,企业盈利不可能发展。企业家从商必须具有进步的商业思维,这是保障企业盈利的基本要求。但作为一个企业家,具有进步的商业思维只是第一步,不足以让企业脱胎换骨。

企业家更应该具有商业进化思维。在当下,商业进化思维具体是指未来的企业,不是靠个人单打独斗,需要依靠法人治理,需要依靠团队,需要依靠系统来赢得市场,这样企业才会走得更远、更稳。以往企业家依靠个人能力打天下的情况,必须进化到靠法人治理、靠团队、靠系统打天下,这样企业才有可能成就百年基业。进步和进化都是积极正向的思维,但具有进化思维的企业能够走得更远。

赚钱与值钱思维

所谓赚钱思维,本质上是一种传统经营思维,就是企业一切以赚钱为中心,只顾眼下,不管长远。赚钱思维缺乏创新,实行的是粗放式管理模式,因为在遇到经营难题时,赚钱思维只会一味打出"三板斧"。"三板斧"一旦失灵,企业家就会束手无策。一个企业如果只拥有赚钱思维,通常经营会越发艰难,常常面临倒闭、关门、被并购的风险。

所谓值钱思维,就是企业家在经营企业时通常会有一个长远考虑,企业经营是分层递进式，不仅要做好今天的事，也要做好明天的事。

值钱思维是一种创新的思维，是以打造资本市场中投资者眼中的值钱企业为价值观，去做企业架构和顶层设计，去打造一个为更多人服务并获取财富的赚钱机器。所以，值钱企业一定是在经营层面上，对产品、商业模式、运营机制设计进行创新，以打造成一家受投资者喜爱的企业。

更好与不同思维

对于一家企业来说，通常都有两种产品，第一种产品是企业在售的产品或服务；第二种产品就是企业的股权。大部分企业为了追求更好的利润只做了第一种产品，而忽视了第二种产品。很多企业家认为，自己企业的产品能畅销市场，经销商能经常拿货，消费者愿意买单，财务室每天忙得不可开交，还有比这更好的企业吗？

但是，企业家忽视了一件事，如果用不同思维来看，这家企业的财富并没有被真正激活。典型的例子就是，企业老总一个人手握企业90%的股份，甚至100%的股份，说白了，整个企业就是老总自己的。

一个有趣的商界现象是，那些持有企业股份最多的企业家，往往最终的结果都是把企业越做越小。那些股份比较分散，持股份额比较少的企业家，往往都成了千万富翁、亿万富豪，甚至是首富。很多小企业家总是羡慕那些财运亨通的大企业家，却很少想过，自己和富豪的差别不是在财富，而是在思维的不同。同样是白手起家，一个只为追求自己更好，另一个追求则完全不同——追求大家更好！一念之差，财富天地之别。

弱者与强者思维

很多企业家，在创立新企业时，总是抱怨，一没资金，二没技术，三没人脉。这种思维方式都是将自己逻辑设置为：我得具备什么样的条件，才能去做什么样的事。对任何人来讲，资金、人才、资源永远是稀缺的。即便是不缺资金的企业家，还会遇到如何发现人才、挖掘人才、人尽其才这些更大的难题。有些创业者内心总想着"等、靠、要"，说通俗些，就是想要和别人不一样的超级待遇。这种人被统称为商界弱者。商界弱者总是在抱怨，总是觉得差的是运气。

真正的商业强者，是不会容忍自己去"等、靠、要"的。他会想尽一切办法去解决问题，他知道所有的商业问题，最终都是靠人解决的。不去试试，怎么知道行不行。真正的商业强者，即使知道今天出门办事，十之八九无功而返，也会毅然决然地早早起床，走出门去。100个人创业，其中大部分人连怎么失败的都不知道，能剩下的人也不知道自己为什么还活着，最终拼的就是一个"熬"字。在商海中，强者和弱者的结果不同，因为强者具有反向思维，他坚信的理念和大部分人不同，从而能坚持下去，他只是比别人多走了几步，靠多走的这几步，他走出了困境。

一个成功的商业强者，还需要具备很多条件，包括商业头脑、交际能力、思考能力、心理素质等。很多时候，不是具备了商业头脑，就能解决问题，成功的企业家都是一路掉进很多"坑"硬熬出来的。强者之所以强，在于他能努力学习反向思考，汲取新的知识，以一颗坦诚的心行走于商海，一旦商机成熟，拥抱财富就是水到渠成之事。

强者和弱者最大的不同是反向认知能力。很多时候，如果企业家能打破正向思考常规，去做反向思考，往往能迸发出全新的创意，创造出惊人的商业思维。

四、什么是反向盈利

正向盈利，是通过卖产品赚取利润盈利。反向盈利，则是通过赚取人心盈利。传统企业赚钱是靠产品，未来企业赚钱是靠人心。正向走是产品，反向走是人心。**反向盈利原理：未来企业要赚取利润，就要赚取人心。**

什么是商业最本质的核心？有一句话叫"回到宇宙的源头"，可以帮助我们理解商业的本质。宇宙的源头就是天道，天道即人心，古人讲得天下者先得人，得人者必须先得人心。

我国社会发展到今天，商业已经进入 5.0 时代，企业家必须具备反向思维，企业要用反向思维去重新构建一套盈利体系。

反向盈利由四个字构成，前两个字叫"反向"，后两个字叫"盈利"。反向是一种思维架构，盈利是一套全新的商业体系。反向盈利将推动我国企业进入商业5.0时代。

反向盈利的核心本质是什么，笔者经过五年专项调查，可以明确总结出上百家企业赚不到钱的根本原因——企业没有赢得人心！没有赢得客户的心，没有赢得员工的心，没有赢得合作伙伴（代理商）的心。

（1）客户的心。企业只有赚取了客户的心，才会有更多的回头客，才会有客户为企业做口碑传播，才会吸引来更多客户。只有众多的客户长期光顾企业的生意，企业才能够赢得更多利润。

（2）员工的心。作为企业老总，你必须赢得员工的心，不管你有多少员工，如果你不能够赢得他们的心，经营成本就会很高，效率就会很低。如果赢得员工的心，员工上下就会拧成一股绳，企业就会变得无坚不摧。

（3）合作伙伴的心。企业跟合作伙伴之间，只是一种单纯的利益交换。合作伙伴能够跟你做利益交换，竞争对手也可以和他做利益交换。当企业赢得了合作伙伴的心后，他才会给你更多的合作良机。未来不管用直销方式，还是用微商方式，都要赢得合作伙伴的心。

95%的企业缺少赢得人心的体系

很多企业会有一套盈利经营体系，但95%的企业没有一套赢得人心的体系。现在企业赚钱很难，但更难的是如何赢得人心，这很重要！如果未来想要获取更丰厚的利润，企业都要构建一套赢得人心的体系。

小米的产品，为什么卖得便宜，还赚钱了？小米的新品上市后，小米根本不用去做二次推广，小米的老客户会不断反复购买。

开发新客户会有时间成本，小米之所以卖得便宜还赚钱，是因为小米节省了大量开发新客户的成本。小米每当推出一款新产品，马上就能形成海量销量。这说明，哪怕产品利润薄一点，只要客户数量足够多，同样可以很好地实现盈利和现金流。

过去做生意，是想办法把一款产品卖给1 000个人。未来做生意，是找1 000个人卖1 000次，这是未来商业核心的转变。

只是单纯的利益交换的时代已经过去了。未来在跟别人进行利益交换的同时，还要能够赚取他们的心。"新商业时代，不懂人心将是赚钱的巨大障碍"。

未来企业必须赢得客户的心，赢得员工的心，赢得合作伙伴的心。如果赢得这三类人的心，企业想不赢都难，今天最赚钱的企业都是这样做的。

企业赚取人心的三个方法

第一个方法是钱。钱可以赢得人心。有人问，怎么用钱赢得客户的心呢？很简单，要么帮他省钱，要么帮他赚钱。比如，余额宝是帮你赚钱的，小米是帮你省钱的。钱从理论上来讲，有时是可以收买人心的，只是钱能收买人心的时效太短了。为什么很多人做微商，为什么有人愿意做直销？为什么华为招聘大学生容易？因为大学毕业生去华为，在一天工作经验都没有的情况下，华为先给他一万元底薪，这就是用钱赢得人心。

第二个方法是快感。快感是指精神上产生的愉悦，快感可以降服人心。你会发现，愚蠢的人总是希望别人能让自己舒坦，智慧的人总是创造机会让身边人舒坦。人人都喜欢快感！为什么有人喜欢喝酒？因为他喝醉那一刻很舒心。企业要常问自己一个问题，客户使用你的产品时会有快感吗？你的员工上班会有快感吗？合作伙伴和你相处时会有快感吗？没有的话，你就不能赢得人心。

第三个方法是教育。研究发现，钱和快感都只是短暂赢得人心的方法。在这个世界上，赢得人心最长久有效的方法是教育。教育赢得的人心，深入骨髓。未来的企业家一定要成为导师，因为导师首先要做的是教育。教育能力是企业家的终极能力！当一个企业家一旦掌握了教育、培训他人的能力及路演的能力后，他的营销能力就达到了超高水平，他这辈子都不用发愁赚不到钱，而且也不会缺少赚大钱的机会。

不论你今天是做什么行业的，未来所有的行业都会是教育培训业。未来，不能够教育他人的企业家，不具备培训别人的能力的企业家，是没办法做大生意的，也没办法赚到大钱。我们举例马云，马云说阿里巴巴是学校，员工是学生，他就是老师，他喜欢大家叫他马老师。

现在服务行业90%都跟教育有关。所以马云在杭州办了大学，办了幼儿园，办了中学，做了乡村教育。马云退休后重要的事务都是和教育有关。未来，不会做老师的人如果做企业家，将难以胜任职位。今天能够赚到钱的企业家，今后都要投身于教育，因为教育是人的精神消费。

雷军说他不喜欢做老总，喜欢做创业导师。这就是为什么雷军可以投资100多家企业，帮助那么多家企业上市。雷军能做成很多事，是因为他具备了教育培训能力。冯仑是中国最早一批房地产商，他认为新时代老总在企业中，扮演精神领袖和灵魂导师的角色。一个人的教育能力才是赚取人心的终极力量。

企业家必须是赚取人心的导师

人跟人的差别有三种，第一种人天天忙着做事；第二种人天天忙着做人，第三种人天天忙着做导师。这是企业家认知上的差别，也是未来企业能否赚钱的最根本差别。什么是导师？导师由两个字构成，一个"导"，一个"师"。导是向导，师是老师，企业家要成为别人的向导，要做能够引导别人的老师。企业家一旦成为导师，一定会有一群人跟随在他左右，跟随的人越多，企业家就越能赚到钱。这是未来赚钱的逻辑变化。

"新商业时代不做企业家，做导师。"企业家不能只想着自己忙碌做事，应该想着引领一群人做事，并成为他们的导师；企业家都要完成自己角色的转换，把自己从企业家身份升级为导师身份。

总结，未来的领先企业都需要8个重新定义：重新定义客户；重新定义企业；重新定义产品；重新定义营销；重新定义管理，重新定义品牌；重新定义盈利；重新定义企业家。

五、反向盈利的 5 大要素

新商业时代怎么赚钱,采用反向盈利是最好的选择。想知道反向盈利是如何赚取人心的,就要准确掌握反向盈利的 5 大要素。

传统商业时代的赚钱模式

传统企业赚钱 = 销量 × 价格 – 成本。过去企业家赚钱只要把三件事研究明白就够了,第一是怎么提高销量,第二是怎么降低价格,第三是怎么减少成本。在传统商业时代企业,要想赚钱,就要把销量做大,把售价降低,把成本减少。

当企业一味研究销量时,就是在研究产品如何卖,只要企业在不停研究产品怎么卖,那这个产品几乎就是卖不动了。在今天这个时代,企业越是研究产品怎么卖,产品就越是卖不出去。为什么你的企业很难赚钱?因为你天天在研究产品怎么卖。产品好卖,企业会去研究吗?天天研究卖产品,说明产品不好卖!

传统企业还经常研究价格。主要是研究竞争对手的价格,想办法要比竞品的价格还低。在传统企业的认知中,比竞争对手价格低的产品才好卖。竞争对手定 8 元,你就定 7.5 元;竞争对手定 7.5 元,你就定 6 元。价格在市场中是一把利剑,因为价格很重要,消费者买东西首先是看价格。为了保持竞争力,产品价格会越卖越低,企业最终很难找到有效的解决利润的方案。

传统企业还偏爱研究成本，但研究成本没什么用，因为成本一旦上去了，就很难降下来。比如租金成本和原材料成本，上涨永远比下降快。再比如人工成本，在我国人口红利逐渐消失的今天，除非企业用机器人，否则人工成本只会越来越高，这不是研究能解决的问题。

新商业时代的赚钱模式

未来企业赚钱 = 流量 × 转化率 × 客单价 × 复购率 – 成本。

新商业时代，赚钱的模式发生了革命性变化。过去赚钱是跟销量、价格、成本三大要素有关，现在赚钱是跟以下 5 个要素有关：

第 1 个是流量，第 2 个是转化率，第 3 个是客单价，第 4 个是复购率，第 5 个是成本。这正是反向盈利的 5 大要素。

今天赚钱第一步，要研究流量在哪里。流量就是客流量。未来所有没有流量的产品，没有流量的企业，通通都赚不到钱。未来时代要想赚钱，要先研究流量，流量即人，研究流量就是研究人。把产品研究透的企业并不一定赚钱，把流量研究透的企业一定赚钱。企业要把人研究透彻，谁是你的产品的用户，每一个用户在哪里。没有流量的企业，还整天夸耀自己产品好的，其实都是在"自嗨"！

第二步要研究转化率。如果来了 100 个客户，有 60 个客户购买了企业的产品，那么客户的转化率就是60%。客户的转化率越高，企业就越赚钱，所以企业要研究怎么提高转化率。企业一旦发现销售时的客户转化率极低，那一定是某个环节出了问题，要尽快展开巡查，找出问题的症结所在。客户转化率是产品实现利润的可靠保障。

第三步要研究客单价。客单价，是指每一个客户平均购买商品的金额。过去企业从来不研究客单价即便是一锤子买卖也不着急。然而产品的销售额是由客单价和客户数所决定的，因此，提高客单价非常重要。要想尽办法提升客户购买产品时的体验，不断提高企业的服务水平。客单价可以直接反映出一个企业的销售服务水准。

第四步要研究复购率。过去做生意不讲究复购率，一个产品卖给这位客户就算完事，他是不是回头客不要紧，反正客户多，他不买总有人买。新商业时代不是这样的，因为未来产品数量是无限的，客户数量是有限的。例如，有一个做鸭脯饭的老板做了50多年了，店铺的80%是回头客。问这位老板为什么能坚持这么久，他说，因为客人太少了，如果不做回头客生意，在当地是没法生存的。未来企业，一定要想尽各种办法增加复购。研究复购率，就是研究怎么回流。一个企业怎么引流，怎么节流，怎么回流，将成为我国新商业时代非常重要的着眼点。

第五步要研究成本。过去做企业,成本基本上都是由企业自己来承担。未来做企业，成本可以向第三方转移，这样可以减少企业的成本。成本向第三方转移，是指转移给愿意掏钱的第三方。第三方为什么愿意掏钱？

那一定是他认为掏钱后可以获得利益。比如，召开一个论坛，能来300个参会者。有人愿意出钱赞助易拉宝喷绘广告板，条件是给他的企业产品挂个名；有旅游公司愿意出钱包下交通出行，为的是给他的公司拉客人；还有宾馆愿意出资包下食宿，因为很多参会者来自外地，它们住舒服了，以后就会常来。同理，企业在经营时如果有人愿意分担企业的成本，那企业的利润空间就大了。

第三部分：
反向盈利的 6 大规划

一、反向盈利规划 1：先模式，后企业 / 056
——企业没有商业模式就像施工队没有图纸！

二、反向盈利规划 2：先路演，后生产 / 079
——给用户一个选择你而不选择竞争对手的理由！

三、反向盈利规划 3：先流量，后产品 / 096
——没有流量再好的产品也无法赚钱！

四、反向盈利规划 4：先融资，后干事 / 114
——用别人的钱干大家的事！

五、反向盈利规划 5：先团队，后项目 / 128
——没有团队再好的项目也会打水漂！

六、反向盈利规划 6：先现金，后利润 / 145
——所有企业倒闭都是因为没有现金流！

一、反向盈利规划 1：先模式，后企业

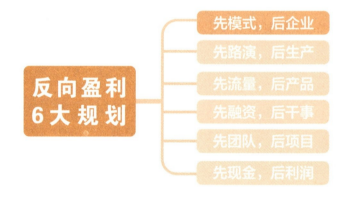

——企业没有商业模式就像施工队没有图纸！

未来要做企业，必须先设计好商业模式，然后开始运转企业。

在产品极度过剩的环境里，企业必须要有独特的商业模式。

一提到我国的相声界，读者会想到很多名家，比如郭德纲、姜昆。如果从身份角度来讲，郭德纲的身份不如姜昆厉害。姜昆是相声界的前辈，相声说得非常好。但假如把姜昆和郭德纲看作两家企业，这两家企业谁最赚钱？答案是明显的：郭德纲！

我们来看看，郭德纲到底是如何赚钱的。

郭德纲相声最大的特点是听着好玩！今天在相声界争论最多的是，郭德纲相声不入主流。郭德纲较其他相声表演者对于产品的理解不一样，经营企业的模式也不一样，便有了商业上的不同认知。

郭德纲的商业模式是怎么构建的？

首先，一个企业要想构建自己的商业模式，必须要有精准的定位。郭德纲给自己做的精准定位是——做传统相声的复兴者。一个企业只有定位清晰才能知道前进的方向。定位是什么，定位就是一个定性，你的楼到底是盖18层还是36层？是建成中国风格，还是欧美风格，或是日式风格？定位非常重要，有了精准的定位，你就知道该往哪里走。

其次，郭德纲重新定义了产品。一个企业家要想构建出具有差异的商业模式，必须要对自己的产品做定义。郭德纲是如何对自己的产品重新定义的？任何重新定义都要弄清两个问题：第一个问题是产品到底要解决用户的什么问题；第二个问题是产品到底能带给用户什么样的新价值体验。

我们来看郭德纲相声的两大特点：第一个特点是让大家开心，逗大家一乐。郭德纲说过，今天晚上你花了180元钱买了一张门票听他说相声，只要这两个小时你开心，那就等于他的产品交付完了，至于明天早上你开不开心，那跟他没有什么关系。郭德纲还说过，各位听他的相声，不要认为听完人品就能变得高尚了，就能变成圣人了……相声是不具备这些功能的。一个人对产品理解得越是到位，理解得越是精准，接下来才越能够顺利地进行产品研发。作为一个产品经理，在产品研发之前，必须要对产品做精准定位。有了定位，接下来的原型图构建、需求对接、内容推广、客户服务，才能一一顺利展开。

郭德纲相声的第二个特点是负责搞笑。除了让人开心的功能外，搞笑已经成为郭德纲相声的新标签。他的相声定位就是"开心，搞笑"，他最终取得了极大的商业成就。所以，产品精准定位非常关键。

郭德纲非常具有粉丝思维

粉丝思维即用户思维，要想让别人掏钱听你的相声，就必须把用户放在心上。要满足用户需求，用户才肯掏钱。用户思维、粉丝经济已成为郭德纲雄霸相声界的重要立足点。

郭德纲是这样来诠释的："我坚决不当相声的专家和权威人士，我只与粉丝同在，与粉丝同乐，形成以郭德纲为号召力的'纲丝'群体"。郭德纲的用户主张跟自己的定位非常契合，不当相声专家，也不成为相声权威人士。

郭德纲说观众才是他的衣食父母，他的所有相声内容都是讨好观众的。企业只有懂得讨好用户，才能说明是一家有用户思维的企业，也才具备了跟粉丝建立连接的能力。

郭德纲的相声还有一个特点，是反权威的表演形式。郭德纲的相声内容为底层老百姓"摇旗呐喊",从而迎合了新一代年轻人的心态,这就是郭德纲的相声非常受欢迎的根源。他是反权威的,为底层的老百姓说话,让这些人解闷,让这些人高兴。郭德纲说:"如果你听相声是为了受教育,在家被老婆教育,在公司被领导教育,再被我们教育两个小时,那你太辛苦了!"

郭德纲具有流量思维。郭德纲很聪明,他知道相声事业要想发展好,就必须有流量。没有流量,再好的产品也没有办法赚钱,因此郭德纲要持续不断培养新兴的流量。只有德云社的相声演员越多,源源不断赚钱的机会才越多。郭德纲这几年打造了几个新兴的流量演员。目前,郭德纲的商业模式里最大的新流量演员是岳云鹏,岳云鹏已经成了德云社里仅次于郭德纲、于谦,具有强大流量号召力的一款"新产品";"会唱歌、高颜值"的张云雷,还有"长满幽默细胞"的张鹤伦,以及带火"盘他"这两个字的孟鹤堂,这四个人已经成为德云社新兴流量的主要"载体"。

要想构建商业模式,必须找到能够给你的企业带来流量的产品,这点非常重要。光有产品还不够,企业还要找到自己的盈利模式。

商业模式里最重要的一个模式是盈利模式。所谓盈利模式就是通过设计企业的收入来源和成本转移,来获取盈利的一种方式。从产品角度来讲,相声是一个非常难以被标准化复制的产品。一个产品越难被标准化复制,靠它打造商业模式就越难。一个相声演员怎么去打造自己的商业模式,怎么去布局自己的盈利模式?有人说很简单,相声就是找一个小剧场卖门票，然后就可以赚钱了。果真如此吗？有相声演员在上海黄浦剧场举办过小剧场相声专场，也有相声演员开了青曲社小剧场，但都没干起来。为什么？因为他们的盈利模式太单一了。就是人们常说的，很多企业成于专注，死于单一。如果企业的盈利模式太单一，那么企业的收入来源就会很窄，这样的企业在这个时代必将失败。问题是郭德纲和于谦也经常在小剧场演出，那郭德纲是如何赚钱的？

郭德纲商业模式的八大盈利布局

郭德纲商业模式布局一：要有驻场演出。现在德云社在全国有9个小剧场，用商业术语来说就是有连锁店。截止到2019年4月，德云社有8个演出队伍，400多位演员，一年演出3 500余场。什么是驻场演出？就是郭德纲每晚到专属自己的小剧场演出。可驻场演出是有局限性的，做一个小剧场要装修，装修就要有投入，要支付水电费，要请剧场保安，要给演出人员发工资。一个小剧场的座位是固定的，就像企业开会时的会场只能够容纳160人，如果来了200人，会有40人无法进门，因为会场坐不下，太挤了，不安全。小剧场的门票收入是固定的。尽管从2016年起，德云社的驻场演出收入每年都在1000万元左右，但所有的驻场演出收入，也仅能支撑整个剧场的运营。这就是为什么仅靠小剧场演出的相声演员，几乎是活不下去的。因为你要支付房租费、水电费、保安费、物业费，还有相声演员的各种费用，支付完后，基本上也就没剩下几个钱了。尽管不赚钱，但驻场演出是必须要做的，因为驻场演出的收入是稳定的，至少可保障400多位相声演员的基本生活，保证演员们每天都可以登台演出。先考虑生存下来，再考虑盈利的事。

郭德纲商业模式布局二：靠对外巡演做主营业务。郭德纲很聪明，他早就想到了仅靠驻场演出，德云社根本没法生存。所以紧接着郭德纲开始布局下一件事，就是对外巡演。什么是对外巡演？比如某天山东省有一个演出公司找到郭德纲，邀请他在济南一个3 000人的体育场说相声，带着徒弟去。郭德纲说，可以，他要带5个徒弟去，他们几个人的出场费用大概需要200万元。于是，山东这家演出公司把200万元付给郭德纲。票怎么卖，郭德纲不用管；找场地的事他也不管，请什么保安他也不管。该演出公司卖掉3 000张票，收入500万元，去掉给郭德纲的200万元，再去掉200万元其他开支，能赚100万元，这100万元就是演出公司的纯利润。如果演出公司的票房没有卖够500万元，郭德纲也不亏，因为演出公司已经把200万元全付给他了。郭德纲说过他一年对外巡演最多的时候大概有100多天。郭德纲除了支付徒弟们的出场费外，剩下的都是他的纯利润。按照郭德纲一年100多场对外巡演统计，如果他一场收入200万元，100多场就是至少2亿元。因此，郭德纲不是靠驻场演出赚钱，真正赚钱靠的是对外巡演。

郭德纲商业模式布局三：卖版权给平台。郭德纲喜欢说评书，蜻蜓FM邀请他把一段评书的版权卖给蜻蜓FM，一次性给他200万元。

郭德纲说："成交！"我们来算一下，如果郭德纲一年说 5 段评书，一段评书卖 200 万元，这又是 1000 万元的收入。为什么很多平台愿意买郭德纲说评书的版权呢？比如蜻蜓 FM、喜马拉雅、荔枝等。因为他会给这些平台带来流量，带来粉丝，平台有流量就可以卖出去广告。版权经营也是郭德纲的一个收入来源。

郭德纲商业模式布局四：进军影视娱乐界。这些年郭德纲一直不断地上电视、拍电影。其实上电视、拍电影对郭德纲来说根本就不赚钱。但是为什么不赚钱他还要上电视？比如他参加东方卫视的《欢乐喜剧人》。郭德纲上电视的目的很简单，通过电视节目他可以持续不断地扩大知名度。他的知名度越大，请他演出的公司就会越多，这样就形成了正循环。郭德纲的影视剧片酬非常低，甚至经常零片酬客串，但是他主持的费用可不低，2018 年，郭德纲做主持人的出场费达到 80 万元 / 场，成为国内主持界挣钱的"一哥"。他靠拍影视剧扩大知名度，靠做主持的出场费让知名度变现。这是反向盈利的重点，盈利规划必须要形成闭环。

郭德纲商业模式布局五：做旗下艺人经纪。举例，假设有单位上门，说郭老师我们想请岳云鹏拍一段广告，岳云鹏的广告出场费是多少？郭德纲说是 500 万元。郭德纲经纪公司把合同签订后，经纪公司就会收到广告制作方的 500 万元。假如郭德纲给了岳云鹏 250 万元，那剩下的 250 万元，去掉开支就是郭德纲经纪公司的纯利润。

郭德纲商业模式布局六：开办相声教育培训机构。郭德纲从很多年以前就开始收徒弟，培养孩子。收徒弟是不要钱的，但培养孩子是要钱的。每一次开班招生的时候，很多人都会排队来报名，这是一个非常大的盈利点。做教育培训对郭德纲来讲，还有一个好处：可以源源不断地为德云社发现新的相声苗子，输送新的相声演员。

郭德纲商业模式布局七：进军服装业做德云华服。德云华服的广告语是"我要独一件，成功人士的选择"。德云华服一件最便宜的大褂，都得500多元。虽不算便宜，但德云华服却向顾客保证，只做一件，不必担心会发生"撞衫"。

郭德纲另外有一家公司叫"德云制衣坊"，属于高端定制传统服饰店，价格2 000元起。德云制衣坊主要是做个性时装，在店里能看到不少很别致的时装，风格或可爱或淑女或另类。无论复古风还是现代范。都能找到款式。店铺为保证时装的独有性，即便是小礼服一般也只设计一件。

郭德纲商业模式布局八：跨界做红酒、美容、面膜。郭德纲曾说："老话说隔行不取利，现在要反过来了，取利就取隔行利，这叫跨界营销。"比如，郭德纲跨界卖红酒，他销售的红酒，名为德云西拉子葡萄酒，一瓶售价达198元。郭德纲还卖美容用品。在淘宝网上，有一家名为"精灵家波碧水bobiwater"的网店，销售面膜、眼膜、彩妆、护肤产品等，售价在几十至两三百元不等，这家网店的粉丝有10000多名。

和其他传统相声演员对比后，你会发现，郭德纲的商业模式和他们有着本质区别。德云社或许是我国最成功的相声公司，经过二十多年的高速发展，德云社的演员有 400 多人，人员流动性不大，他们"追随"德云社及郭德纲。曾有人预测，郭德纲在出道二十多年里收入增长了 10000 倍。郭德纲商业模式布局其实很简单，从来都没有脱离"相声"这两个字。"相声"是德云社的核心业务。同样，一个企业家构建企业的商业模式时，不能脱离自己的核心业务。

郭德纲商业模式这八大盈利布局中，有些是赚钱的，是他盈利的主要来源；有些是不赚钱的，他赚取的是生存费；还有些是赔钱的，他赚取的是知名度。但他始终把握了以相声这个产品为核心，去实现收入多元化。他先成于专注，再外延扩张，做到了一次投入，多点收益。做企业，千万不能死于单一性，只要收入单一，哪怕你的产品做得再好，你的相声说遍全世界，也很难赚大钱。郭德纲是一个具有商业头脑的相声演员，他很厉害，不得不佩服，这就是商业模式的魅力所在。

总结一下德云社的商业模式，不难发现，商业模式必须要抓住两个核心问题，第一个是流量的问题，第二个是怎么赚钱。如果一个企业的经营不能够解决这两个问题，那企业的商业模式是不会成功的。一个企业的商业模式是否行之有效，第一看模式能不能带来流量，第二看能不能实现赚钱，这是商业模式的两个核心内容。最好的商业模式一定要具有可复制性，如果这个模式在山东可以做，在河南可以做，在上海可以做，在浙江可以做，在广东也可以做，那才是好的商业模式。2019 年，德云社品牌估值达到 15 亿元。郭德纲，一个说相声的人，能把自己的企业做到 15 亿元，这就是商业模式的力量。同样是说相声的演员，有成熟的商业模式的跟没有商业模式的相比，收入会产生巨大的差异。德云社很好地诠释了什么叫商业模式。

新商业时代三种赚钱逻辑

新商业时代有三种赚钱逻辑。**第一种是以产品为核心**。研究发现，今天我国大部分企业仍然是"以产品为中心"来经营。以产品为中心的赚钱模式必须要做好两件事：一个是持续不断地提高销量，另一个是不断降低成本。用这种赚钱模式的企业可称为传统企业。传统赚钱方式＝销量 × 价格 − 成本。现在企业要想靠这种模式赚钱太难了，因为企业只有拼命提高销量，努力降低成本，才能实现利润的最大化。可惜的是，今天大部分的国内企业仍处在这个阶段。

第二种是以模式为中心。随着时代发展，先进企业的赚钱模式升级了，已经不再单纯关注产品了，开始搭建自己的商业模式了。企业商业模式包含三个维度：一是，有能快速销售的产品，得有一款"明星产品"给你带来足够的销售量。二是，要能快速聚人。企业的商业模式一定要具备快速聚人的能力，否则产品就会被竞争对手超越，甚至会被别家替代。三是，要能快速招商。一定要能快速建立企业的商业渠道，所谓建渠道就是要能快速招商。当一家企业是以模式为中心进行经营时，就必须做好这三件事。

以商业模式为中心做企业，要想赚钱，必须实现"跑量型产品

×盈利型产品"组合。就像郭德纲一样，驻场演出不赚钱，但是驻场演出可以带来很大观众流量；上电视不赚钱，但可以用来扩大知名度，知名度可以带来流量。有了流量，就可以靠对外巡演赚钱。要像郭德纲一样布局，企业总会有3~4个项目是赚钱的，而其他项目不赚钱没有关系，这种布局非常重要。

作为一个企业家，还要持续不断找到下一个流量产品在哪里。之后去研究，怎么能让流量型产品和盈利型产品形成组合。

企业经营以模式为中心的最大好处，是**能够**实现现金流最大化。过去做企业看中利润率，未来做企业要**看中现金流**。

有利润的企业不一定能够活下去，因为**很多利润都是纸上谈兵，**回款能不能收回来，都是不一定的事。但是有现金流的企业是一定可以活下去的。企业必须设计出一个好的商业模式，并把这个商业模式快速实施了，从而获取大量的现金流。未来企业家都要有现金流思维，以模式为中心的企业，就是一种追求现金流的新型企业。想通过一款产品赚钱的时代已经过去了，因为今天是产品丰剩时代。就盈利而言，企业重视商业模式，远比仅重视产品生产来得可靠。

第三种是以用户为中心。随着时代的发展，又出现了一种赚钱方式，叫作以用户为中心。小米在企业上市前说自己有1.2亿用户，每一个用户值2 000元钱，据此算出小米的估值是2 000亿元。2019年还有一家引发争议的企业，叫瑞幸咖啡，它家的咖啡卖得价格不高，买一杯还送一张免费券。瑞幸咖啡仅成立了18个月就上市了，是目前世界上最快运作上市的企业。瑞幸咖啡凭什么上市？因为它有流量和用户，每个用户都很值钱。未来要想赚大钱，就要学会经营好用户，一定要围绕"用户"这个关键词，去开展企业工作。用户跟客户有什么不同？过去说得最多的是客户，还有说顾客的，要想在未来赚钱，必须理解"用户"跟"客户"这两个概念。

举例说明用户跟客户的区别。当一个词不知道是什么意思时，我们经常要百度一下。我们用百度搜索时是免费的。百度是一家企业，它要赚钱，谁给它付钱？是愿意在上面打广告的人。为什么愿意去百度做广告，因为百度有流量，有上亿的用户。付钱的就是客户，不付钱的是用户。过去客户跟用户是不分的，但是在互联网时代，客户跟用户是分开的，**付费使用者是客户，免费使用者是用户。**

瑞幸咖啡之所以这么快能上市，是因为它使用了免费策略——头一杯咖啡免费喝。只要消费者来免费喝，就成了瑞幸咖啡的用户。喝过一次后，消费者觉得还不错，之后就开始买咖啡喝了。消费者买一杯，瑞幸咖啡又送给他一张代金券，让他继续消费。消费者慢慢地就形成了喝咖啡选择瑞幸咖啡的习惯，从用户转变成了客户。

未来的时代，谁拥有大量用户，谁就可以赚大钱。以用户为中心的赚钱模式必须要做好两件事：融资＋投资。以用户为中心的企业都要做好这两件事，千方百计加大融资力度，加大投资力度。未来的商业时代，具备强大融资能力的企业才最厉害。

以用户为中心的企业，会因用户得天下，得以实现市值最大化。

滴滴出行现在还没有上市,但其品牌估值已达400多亿美元。有了估值,就有了价值,就有人愿意为这个估值持续不断地投资,直到有一天通过上市变现。

可见一个企业,光有产品是不够的,还要有商业模式。

现在还以产品为中心赚钱的企业,最多算是传统的做产品的专业组织机构。很多传统企业做出来的产品没有品位,没有品格,不具备品牌基因,而总是强调质量好、功能全。问题是质量好、功能全的产品不是你一家在生产,企业面对的是一个产品大量过剩、同质化严重的竞争市场。

以模式为中心赚钱的企业,其老总就是一位模式设计专家。模式设计专家必须具备三个能力:**能力一,模式设计能力**;有人说不会,不会没关系,可以看书、查资料、找老师学习,还可以雇人专做此事。这个世界只要企业掏钱,总有人愿意为企业干活。**能力二,渠道招商能力**;渠道招商可以通过路演完成,招商路演也是在贩卖商业模式。**能力三,投资融资能力**;这是企业老总必须会做的重要事,找不来投资,融不来钱,说明你的企业价值低。

商业模式设计解决了产品落地问题,招商路演解决了销售渠道问题,投资融资解决了企业资金问题。做好这三件事,企业赚钱的效率就会很高,企业资源也会越发增多。

要学会用别人的钱做事。一定要学会用商业模式融资,而不是仅靠产品生产融资。要学会用别人的钱去做一件事,因为投资回报是一件周期很长的事。比如,企业投了1 000万元在一件事上,5年以后才赚钱,那这件事最好不要用企业的钱去做,不然等产品还没有打出样来,竞争对手的新产品早就出来了。要知道,如今这个社会的发展速度实在是太快了,按部就班的计划,往往赶不上日新月异的变化。未来企业必须学会先设计好商业模式再做事,有了模式就招商,招商完就开始融资。这样企业就会源源不断产生现金流。企业的赚钱逻辑是以用户为中心的,企业家一定要是资本家,是经营人心的专家。企业家要把企业做成一家值钱的企业,然后让别人来投你的企业。未来的商业新时代,企业家还要想办法让自己变成导师,企业更要懂得经营人心,要经常思考,怎么能够赢得客户的心,赢得员工的心,赢得上下游合作伙伴的心。

总结一下,我国企业家赚钱的三种逻辑。第一种是以产品为中心;第二种是以模式为中心;第三种是以用户为中心。据此可以把企业分成三类:传统型公司、新型公司、未来公司;可以将老总也分成三类:传统做产品的老总、模式设计老总、经营用户的老总。

商业模式认知的二个维度

第一个认知维度,想办法让别人赚钱。成功的商业模式一定不是让自己多赚钱,而是让别人多赚钱,这种模式才是成功的,才是行得通的,才能够让更多的人愿意跟着你一起打拼。好的商业模式都是帮助别人赚钱，不能帮别人赚钱的商业模式都是不会成功的。很多企业家说"我这个产品挺好，也设计了一个模式，为什么招商时找不到人？"最关键的原因是你设计的商业模式本身就有问题，因为你总是想着自己赚钱了。

第二个认知维度，商业模式是用来卖的。商业模式是一种未来规划。优秀的商业模式不是卖过去，一定是卖未来。所谓未来，就是还没有看到的、还没有实现的蓝图，所有能把未来和梦想卖出去的企业，都是了不起的企业。

第三个认知维度，招商融资要趁早。商业模式设计完，要快速做两件事：马上就招商，马上去融资。再好的商业模式，也得去落地，关键是要去实践，因为无法实践的模式是行不通的，无法形成商业闭环。企业家告诉自己的代理商"跟着我干，有可能一年就成为千万富翁"，这就是向代理商卖一个未来梦想。代理商心甘情愿地去做了，虽然没有成为千万富翁，但也赚了800万元。这样做才是企业家中的高手运作。

帮别人赚钱的生意才是好生意。马云就是这样做的，雷军也是这样做的，刘强东也是这样做的。未来企业所设计的商业模式一定是让人多赚钱。如果你不帮助别人赚钱，你企业的产品再好也难赚大钱。

如何让别人相信你的企业？当然是要靠人心，要想赢得人心，就得从"钱、快感、教育"三个源头下手。赢得人心的第一步是靠钱，要么帮人赚钱，要么帮人省钱，永远不要脱离商业本质思考问题。

商业模式设计的底层逻辑

目前社会上有很多讲商业模式的培训，也有很多关于商业模式的书，但是读者学习完以后，发现几乎很难被应用，因为那些商业模式太理论化，太理想化，根本没有办法指导企业的实践。

什么是底层逻辑？底层逻辑即最基本的逻辑、最行之有效的逻辑。

商业模式的底层逻辑，就像我们盖楼一样。不管楼盖得多高，地基最重要，在建筑物的地基上可以设计出很多的造型。商业模式也是这样，商业模式是有底层逻辑的，只要掌握了底层逻辑，架构就可以"杂交"，最后"杂交"成一种新的商业模式。目前很多商业模式根本不能算商业模式，充其量叫作点子。点子是没有办法把项目运转起来的，必须要靠一套组织体系和运营系统。

笔者通过大量研究，总结出来五种世界上最基本的商业模式，这五种模式是被大量企业实践证明，能够真正为企业带来财富的通用模式。世界上所有的商业模式，都是在这五种基本模式上衍生出来的。不管是过去在美国，还是今天在中国。企业如果把这五种商业模式吃透了，就可以让你的企业借鉴，最终衍生出企业自己的新商业模式。

全球通用的五大商业模式

第一种商业模式：连锁模式。

连锁商业模式的开创者是麦当劳。今天的肯德基、星巴克、老乡鸡、真功夫，它们都是连锁店。连锁模式一般比较容易做大，比较容易上市，比较容易让投资人投你。连锁模式成功的核心要素是什么？未来你要在全国各地开连锁店，这些连锁店你可以自己投钱开，也可以招加盟商，还可以招代理商。不管是你自己掏钱开，还是让别人加盟，还是让别人代理，**连锁商业模式能够成功的核心要素是标准化复制**。麦当劳对本餐厅的师傅说，不希望你们做出全世界最好吃的汉堡，但需要你们做出全世界最标准化、可复制的汉堡。（中餐店之所以难以连锁，是因为中餐菜品很难标准化，味道全靠每个厨师的掌握。）麦当劳在全球拥有超过3万家店，营业额超过400亿美元，麦当劳在我国的餐厅也有700多家，麦当劳的产品都是通过标准化复制的。

国内有一家叫小罐茶的连锁企业，2018年，小罐茶的营业额做到了 20 多亿元，其商业模式就是在全国各地开加盟连锁店。开加盟连锁店，不管是做茶还是做服装，除了确定加盟连锁的方式外，都必须做到"标准化复制"。如果做不到，连锁店就意味着失败。标准化复制怎么操作，什么叫标准化？第一是产品标准化。比如小罐茶就实行了产品标准化、包装标准化，一个小罐茶礼盒里放置 10 小罐。第二是价格标准化，因为价格不标准化是没有办法开连锁店的。同一个产品，在北京卖 50 元钱，在上海卖 30 元钱，这怎么卖，不窜货才怪！很多企业老抱着侥幸心理，将标准化复制"意思一下"就行。后果是什么？后果就是你的企业做不起来！第三，开连锁店，门店也要标准化，LOGO 要标准化，色彩要标准化，摆货要标准化，管理要标准化，配送要标准化。企业的产品、价格、门店装修、管理、配送都要标准化。只要采用连锁的模式就必须实现标准化，不这样做，开办连锁企业就无法获得成功。

2017 年，老乡鸡总是想着创新，要求每个门店都要弄一个创新结果出来，结果推广得一塌糊涂。只好重新再做标准化，鸡汤就是鸡汤，米饭就是米饭。门店装修标准化，管理标准化，配送标准化，老乡鸡认真实施标准化后，生意立刻好了起来。**麦当劳做了这么多年屹立不倒，靠的就是标准化。**有时候企业不需要太多创新，一旦确定了商业模式就一定要坚持住，别寻思太多。

第二种商业模式：直销模式。

千万不要看不起直销，直销是一种商业模式。如果你想介入直销商业模式改造自己的企业，那就要清楚地知道，直销的核心是裂变，只要企业想快速裂变销售渠道，就可以采用直销模式。所有直销模式的核心就是两个字——裂变。直销模式的核心不在于产品，产品只是一个载体，销售团队的裂变才是关键。**如何让销售团队产生裂变，直销模式设计了一个重要的铁三角：第一个是产品，第二个是机制，第三个是培训。**这个铁三角是直销模式的三大核心点，有铁三角才可以保障裂变。裂变是直销模式的核心，如果你没有抓住裂变，说明你做的直销模式还不彻底。

直销怎么裂变？首先，产品要厉害。在直销模式中，产品是工具，如果产品这个工具不够好的话，它是没有办法产生裂变的，产品是裂变的"发动机"。为什么今天很多微商和直销做不起来，是因为"发动机"出了问题，是直销产品不够好，做得不够极致。

其次，就是机制。机制的关键是分钱机制。如果企业的分钱机制设计得不够好，是没有办法裂变的。

最后是培训。有的企业，其产品没有大问题，分钱机制也很有诱惑力，为什么还不能实现裂变呢？当企业的产品足够好，分钱机制足够棒后，还得比拼一下培训体系。很多做直销的企业缺的不是产品，缺的也不是机制，缺的就是培训，或是企业的培训体系还不够强大。赚到钱的直销人员，每天就干两件事：开会—培训。很多直销企业，裂变总是心有余而力不足，因为做事情没有抓住核心。一个不成功的直销企业，缺少一套强大的培训体系，是其无法实现裂变的关键原因。

市面上一些做微商和社交新零售的企业，尽管花样百出，骨子里还是属于直销模式。互联网＋直销就成了微商；互联网＋社交就成了社交新零售，它们的底层逻辑还是直销。只要抓住这个底层逻辑，就可以任由它"杂交"和裂变。"产品－机制－培训"这个直销铁三角很重要。

第三种商业模式：互联网模式。

互联网商业模式的关键核心是免费。瑞幸咖啡商业模式的底层逻辑，是连锁模式，还是直销模式，还是互联网模式？瑞幸咖啡为什么仅开业18个月可以上市？因为瑞幸咖啡本质上是一家互联网模式的企业，所以它们做免费赠送、免费喝咖啡的活动。互联网商业模式的核心，就是免费到底。还记得360杀毒软件吗？当同行收钱的时候，它就免费，不光是免费，还终身免费，不到3年它就把那些杀毒软件企业全都"干趴下"了。产品都免费了，企业还怎么赚钱呢？互联网模式的企业在免费之后必然要做生态化。什么叫生态化？比如瑞幸咖啡不光卖咖啡，现在它已经开始卖茶了，还卖果汁。未来有没有可能卖盒饭？有没有可能卖袜子？这是可以无限想象的。互联网商业模式的企业在一开始都是免费的，免费之后会去构建产品的生态，不断丰富可以赚钱的产品线。

先免费－后生态化，这是互联网商业模式发展的路径。如果一家企业要想颠覆整个行业，那就找出竞争对手最具盈利点的产品，你来提供免费产品，你立刻会成为这个行业的老大。这个世界变化就这么快！瑞幸咖啡一出手，星巴克咖啡在我国的销量立刻直线下滑。18个月以来，瑞幸咖啡在我国28个城市拓展了2370家门店，积累了1 680万用户，其中89.6%都是回头客。瑞幸咖啡的上市，是我国咖啡消费平权的开始。咖啡的市场空间有限，消费者不喝你家的就喝别家的。瑞幸咖啡曾发起过一轮广告战，瑞幸咖啡写了六条宣言，都是跟反向盈利一脉相承的。

1. 好的咖啡，其实不贵；

2. 你喝的是咖啡，还是咖啡馆？

3. 好咖啡的味道，喝久了你就会知道；

4. 喝咖啡不太健康？

5. 中国人没有喝咖啡的习惯？

6. 中国咖啡和美国咖啡比差距在哪？

瑞幸咖啡的言外之意就是好东西能便宜卖，才是真正的好。在互联网商业模式下，做到了"先免费－后生态化"之后，企业就可以快速获得用户。有了用户，就有了企业估值，下一步就可以进行融资，这样企业的商业模式就能够持续运行下去，投资人就会一批批地登门拜访。

第四种商业模式：金融模式。

所有金融企业本质上做的都是中介生意，用别人的钱生钱。所有金融企业做的都是和"钱"有关的生意。金融业务分类为：银行存款业务、非银行存款业务、证券业务、保险业务、交易及结算业务、金融控股业务、理财业务。这些都是传统金融业务模式。

近年来兴起的互联网金融业务的主力军是互联网平台类企业。互联网金融，就是对标传统金融业务，不开实体门店，用互联网大数据方式提供金融服务，从获客到完成服务都可以在互联网上进行。目前全球的互联网金融企业，已经把传统金融业务都重新做了一遍，只是想获得牌照不易。当然，传统金融机构对此深有抵触，只称呼它们是"金融科技公司"，不承认有"互联网金融企业"的存在。我国政府将金融科技和互联网金融统称为新兴金融。未来人类的货币制度将从贵金属本位货币转向信用本位货币，还将向全球化大数据结算、全网络征信、区块链银行、数字货币这些新兴金融领域进发。

靠金融模式赚钱大致有三种方式：一是赚取差价，二是提供金融服务，三是金融投资。

（1）赚取差价。收下储户的钱，贷款给客户，赚取中间的差价。

（2）金融服务。比如支付宝和微信支付，赚取的都是第三方支付服务费。

（3）金融投资。在传统金融中，企业通过发行股票、债券等来筹款，购买者就是金融投资者。或者你能找到一个稀缺商品，有大量潜在购买者存在，而真正能购买到的只有少数人，这些少数人也算金融投资者。比如购买人参鹿茸、名贵字画、高工艺家具、珠宝玉石等。

金融模式中还可以选择加杠杆。所谓杠杆，就是投资了1元钱，怎么变成10元钱，甚至100元钱。在我国用金融模式做产品，最成功的是茅台酒。53°的飞天茅台，如果你在10年以前存上100箱，现在得值500多万元了。这就是为什么茅台卖断货，依然生意这么好。因为53°飞天茅台是稀缺商品，稀缺商品天然具有金融属性。商品一旦具有了金融属性，就具备了投资价值。具备了投资价值，就会产生杠杆作用。现在很多人开始囤积茅台，买了不卖就等着升值。

第五种商业模式：生态模式。

生态模式的核心是赚取用户的终身价值。所谓终身价值，就是用户从生到死都在这家消费。今天的小米就在用生态模式做销售。小米本质上不是一家经营产品的企业，而是一家经营用户的企业。小米的用户不光买手机，还买充电宝，还买空调，还买电视。雷军说过一句话：用户需要点什么，我们就卖点什么给他们。当雷军说这句话的时候，很多人看不懂这是一家什么企业。你看不懂没有关系，雷军看得懂自己的企业，他说的是小米的生态。

综述，世界上只有连锁模式、直销模式、互联网模式、金融模式、生态模式这五种商业模式，这叫商业模式的底层逻辑，不管是微商还是社交新零售，其实都是在这五种商业模式的基础上衍生而来。比如和互联网结合，直销就变成了微商，微商的本质并没有脱离直销。

是否觉得，仅有一款产品想赚钱的难度太大了？麦当劳为什么赚钱，因为它有模式。星巴克为什么能上市？因为它有模式。老乡鸡为什么可以融到资？因为它有模式。企业有企业的商业模式，个人也有个人的商业模式。"企业没有商业模式就像施工队没有图纸！"一个施工队没有图纸怎么施工呢？今天各位企业家遇到最大的问题是有施工队，但是没有施工图纸。为什么没有图纸呢？因为不知道反向盈利。

总结一下，"反向盈利的6大规划"中的第一步规划：先模式，后企业。传统企业是这样做的，想创业，先投资，招员工，买设备，进行管理，找一群人销售，最后获取利润。但是反向盈利规划却不是这样的。反向盈利规划首先要设计出一个商业模式，再去办企业。有了商业模式，再去招商，然后融资，先保障了现金流，之后才是招员工，买设备，做生产，出产品。这和企业过去的做法完全不一样。未来做企业，一定要先模式，后企业。

二、反向盈利规划2：先路演，后生产

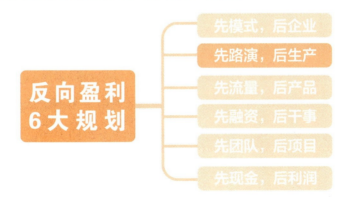

——给用户一个选择你而不选择竞争对手的理由！

什么叫路演？为什么要先路演后生产？传统的企业一般是先从生产开始，然后做宣传，最后找一群人去销售。这种模式的缺点是

库存压力大，现金流紧张，产品一旦卖不出去，就真的成了库存。

反向盈利的商业逻辑是先从路演开始，展开销售，最后再生产，再交付产品，用今天互联网的语言来讲叫预售。这种反向盈利规划在我国并不陌生。早年间，我国有一个企业家，就是先从路演开始做销售的，这个人叫牛根生，他创立的一家企业叫蒙牛。当时他创立蒙牛是以50万元起家的。牛根生怎么做的？他先是打了一个广告，然后办了一个招商会，把代理商请过来，确定了代理商，他再开始找人生产牛奶，再去销售牛奶。有人表示怀疑，牛奶还没有生产出来怎么卖呢？

看一个案例了解当企业产品还没有大规模生产出来，如何通过路演模式把产品卖出去，再去交付生产制造。目前，国内电动车品牌有爱玛、雅迪、小刀、绿源等。在众多电动车品牌中，有一家叫小牛电动的。小牛电动成立于2014年，刚成立的时候这家企业只有15个人，2018年小牛电动已成功在美国纳斯达克上市。成立短短4年时间就上市了，小牛电动的做法与一般传统电动车企业是不一样的。小牛电动就是先路演产品，拿回订单，再去交付生产。小牛电动是一家高科技创新型企业，招商时采用了"一句话路演"策略，即用一句话清晰地告诉用户，小牛电动车跟同类产品最大的不同是产品具有智能化。小牛电动的用户是年轻人，因此产品定位为智能踏板电动车。

小牛电动的产品有十大特色，高品质排第一。一个从来没有造过车的企业，居然说自己的车是高品质？路演是要改变人的大脑认知的，你不说、不讲，别人永远不知道你的产品好在哪里。智能化、时尚、动感，小牛电动从这几个方面宣传，别人立刻就知道小牛的电动车跟同类产品有什么不同。很多企业家在宣传时从来不介绍自己产品的特色，偏爱介绍自己产品的功能。在路演时一上台开始介绍，说产品有18个功能，结果3个功能还没有介绍完，听众都走光了。因为一说功能，就很容易掉入同质化陷阱。路演就是要把你的功能宣传转化为特色介绍。

以往大家骑的电动车的续航里程只有40公里，但是小牛电动车的续航里程有140公里，同时小牛电动车的设计充满美感：简约、优雅。

当一个企业没有成品的时候，能够展示的就只有图片，所以产品的图片传递的信息一定要清晰、简单。很多没有学过路演的人，展示一张产品图片，结果图片上面什么信息都有，分散了观众观看图片主体信息的注意力，台下的观众弄不清楚到底是卖什么的。

小牛电动在路演介绍中说，为了做出一台高品质的电动车，他们将一颗螺丝钉试验了100遍，才找出来这颗螺丝钉应该是什么样式，台下的观众都被深深打动了。小牛电动研究了一款App，可以预防客户的车发生偷盗事故，一旦有不法人员动了客户的车，客户的手机会立刻报警。服务上，如果客户购买小牛电动车，可享有7天无理由退货、30天只换不修的权利。结果两个半小时的路演结束后，15天内小牛电动车的销量就突破了16 000台，15天销售额回款7 200

万元。这场路演,小牛电动一共来了15个工作人员。如果是按传统销售模式,这15个人全部出动,两个半小时能卖16 000台吗?显然不可能!

这就是路演的魅力,这就是路演的杀伤力,这就是路演的商业价值!

小牛电动在路演最后说,今天所有付款的人,厂家要告诉你一个消息,3个月以后才能拿到车,愿意等的需要付清全款;不愿意等的,厂家把预付金退给你。很多人说自己愿意等,市场上有很多掏钱就能买到的电动车,而在路演现场的付款人,非要买3个月后才能拿到的小牛电动车,这就是路演的价值。

为什么我国绝大部分企业家不重视路演?因为很多企业家受传统思维观念的影响特别深,一个观念一旦深入骨髓,一生都很难改变。我国不少受传统观念影响的企业家不太喜欢路演,具体原因是什么?笔者根据5年来的走访调查,发现有以下5个原因。

原因1,"说得好不如做得好"。我国企业家从小就受这个观念影响,少说多做。但今天能够做得好的人越来越多,但"说"的竞争力普遍不强。今天所有能够赚大钱的人,都是在"说"方面很厉害的人。你要做一个会"说"的人,成天只知道埋头干活的,很难赚到大钱。

原因2,"好酒,不怕巷子深"。如果真是好酒不怕巷子深,那茅台就不用做广告了。茅台为什么天天做广告?因为产品有多好,得常说！

原因3,"是金子迟早会发光"。千万别相信这句话,这句话很害人。这句话要实现是有两个前提的,第一首先要是金子；第二迟早会发光。是早还是迟？迟到什么程度？等到80岁,突然间有一天发光了,那什么都晚了。

原因4,对路演价值的认知不够。路演对95%的企业家来讲是一门陌生的商业学科,很多人没有接触过这门学科。过去40年我国的企业家会路演的寥寥无几,所以没有榜样的力量,我国商界也没有形成路演的氛围。但是现在不一样了,上市企业在路演,政府开发也在路演,投资人也在路演,房地产开发商也在路演,企业的各种招商工作都在路演,未来的路演将触及商业领域的各个角落。

原因5,想路演但是不会路演。这是因为缺乏对于路演的系统学习。如果没有找对教练,即使有路演也没有好结果。比如,当年在呼和浩特市,同时有3家做茶叶生意的公司做路演,其中有两家一单都没有签,但正皓茶路演了20分钟,签了5个代理商。正皓茶老总说,学过路演和不会路演的人差距很大。路演是最能给企业创造经济价值的一门课程,想路演但是不会路演的企业家,都可以通过培训学习掌握。

什么是路演？

首先,路演不是口才训练,千万不要把路演课程看成口才训练。其次,

路演不是演讲，路演也不是边走边演，路演通俗地讲就是秀！秀就是展示。秀什么？秀自己的与众不同，秀自己的亮点，秀自己的差异化，秀自己的独特卖点。 产品再好，你不会秀，你秀的不对，当然就不会有人购买了。秀这件事情，我国90%的企业家是不会的，觉得在万众瞩目下发言很不好意思。

为什么马云做得好，是因为马云会秀。为什么很多企业招不来人，是因为企业不会秀。企业总是和应聘者讲企业的福利待遇有什么，讲完后应聘者如果觉得不如另一家，他就不来了。

今天，企业家要想成为商业领袖，必须具备两个条件，一是要具备更多的追随者，二是要拥有更多的支持者。追随你的人，是你的员工；支持你的人，是你的用户，或者合作伙伴。

不同的路演效果，获得的追随者和支持者是不一样的。

"当有了一个大胆的想法，你必须学会兜售它"！能否成功兜售你的想法，让别人为你描绘的幸福买单，是体现一个企业家未来赚钱的核心能力！当企业有了好的产品，当企业设计出好的商业模式后，剩下的事情就是要看你的路演。见人就路演，一个人是路演，三个人也是路演，一群人还是路演。

再来看梵高和毕加索，这两个人是世界上著名的画家，因为一个会路演，一个不会路演，他们的人生命运就产生了根本性的不同。梵高是荷兰著名画家，一生画了864幅油画、1 037张素描、150张水彩画，但在梵高的有生之年，他只卖出了一幅作品，这幅作品的名字叫《红色的葡萄园》，收入仅为400法郎。所以梵高生前穷困潦倒，生活异常艰难，赚不到钱，37岁就去世了。

毕加索是西班牙著名画家，活到了92岁。毕加索很多画的风格来源于梵高，所以有人认为毕加索很多的画都是模仿梵高的。模仿并不重要，是否能够超越很重要。毕加索一生为后世留下了37 000件画作，他留下的遗产高达2.6亿美元，他是当今世界最有钱的画家之一。最关键是毕加索不仅有钱，还能活到92岁。

如今企业家做生意，就算有人说你的产品和别家雷同，但只要你路演出来的价值不一样，就完全可以超越他人。毕加索不仅是一位绘画的天才，更是一位路演达人。他每次在出售画作之前，都要先办一个预展，召集熟知他的画商来听他讲述故事，讲作品的创作背景和创作的意图，还有与作品相关的故事。好的作品都是有故事的，有故事的作品价格就会高，毕加索深知这个道理，并娴熟运用。所以，路演是产品实现货币化的重要过程。

一个会路演的画家和一个不会路演的画家，在世时间不一样，享受的生活品质也不一样。所以，画家光会画画不行，还要能把自己"卖出去"，要有一个把自己"卖出去"的商业模式，才能够让自己挣得盆满钵满。企业家不会路演，就没有办法把企业的产品货币化，不能货币化的商品只能叫半成品。

诺基亚在倒闭前，一直就是以柜台式卖手机，店里一圈柜台，把消费者和服务员隔开,消费者如果想看手机,就得喊服务员。消费者一多时,服务员就不够用了。

乔布斯想到,苹果不能这样卖手机,如果苹果生产出来的手机也放在柜台里面售卖,铁定做不过诺基亚,因为全球销售诺基亚的店铺实在是太多了。所以乔布斯在卖苹果手机时,先举行了产品发布会,他用PPT讲他是怎么替消费者想的,讲苹果手机精选供应商的艰辛,讲手机背后发生的故事。发布会结束,媒体记者疯狂地发出各种报道,结果召来一大批消费者通宵排队买苹果手机。乔布斯说"产品丰剩的时代,那些不会说话的产品,都将会被消费者淘汰"。今天各行各业都身处产品丰剩时代,这就要求企业老总一定要学会路演,包括每一位员工都要学会路演。当你的企业全员娴熟掌握路演时,老总会惊讶地发现,同样的一群人,所创造出来的商业价值是完全不一样的。

马云是路演大师,马云给今天我国企业家树立了一个新榜样。做老总的不一定什么事情都要去做,很多事下面员工就可以做好,但老总一定要带头并擅长为产品说话。马云说过,我国不缺产品,也不缺好项目,大部分企业就死在"不会让产品说话上"。马云还说过,有了好项目,有了好产品,一定要让产品会说话。路演的价值就在于让产品说话!

董明珠是全国最会路演的女企业家。董明珠说:"中国商界非常缺乏会秀的企业家,好东西就要去秀。通过秀,人家才能知道你东西的价值。有人说我太高调了，太会作秀了，其实没办法，不高调不作秀，别人怎么会知道呢。"所以65岁的董明珠，通过路演，成功地把自己变成新时代的"老网红"。

雷军是令人敬佩的企业家。小米企业就是路演的忠实信徒。雷军投资了200多家小米生态链上的企业。小米投资这些生态链上的企业时，要求这些企业的主要负责人必须会路演。雷军说"未来人会变得越来越懒，商品必须要变得越来越勤快，所以未来的商品要会说话"。

未来，企业的产品都要学会主动找人，会说话很重要。通过研究小米，发现两处可学习的关键点。第一，路演已经成为小米竞争力的标配。小米不管是发布空调、电视、签字笔都要先举行一场产品发布会。第二，小米生态链上企业的负责人必须学会路演，要想当好负责人，必须学会最重要的课程：产品路演。

新旧时代做企业有两大巨变。传统时代做企业叫埋头苦干；未来时代做企业必须能说会做，最关键是能说在前，企业老总一定首先要能说，不能好意思挣钱，却不好意思说话。

传统时代做企业靠模仿复制，新时代做企业要会用路演创造价值；传统时代做企业，是靠英雄主义致胜；新时代做企业，必须要让自己成为商业领袖，商业领袖的核心表现就是你的路演能力。绝大多数商业领袖都是路演大师。有人说，会说话不重要，能做事就行。这话大错！说话是最好的沟通，会说话可保障价值传递，这比什么都重要，因为会表达的人，才可以赢得人心。企业家再有名气，如果不会说，即便再努力，一辈子都出不了头。表达力也是一个人的实力！企业家如果不善于表达，他的路会越走越窄。

新商业时代，中小微企业老总的三大困惑。

第一个困惑，企业产品这么好为什么没销量呢？——没销量，因为你的企业不会路演。是你路修的不对，你演的也不好。

第二个困惑，为什么企业项目招不到商？——招商难，因为你的企业不善于路演！你的招商模式太老套了，只是找人唱唱歌、吃吃饭，这种助兴模式太落伍了。

第三个困惑，为什么我的企业融不到资？——效果差，因为你的企业不懂路演。有的企业为了提升企业信誉，爱请有名望的前领导讲话，比如，退休的老领导。老领导退休5年了，再也没有开过大会，路演时一看现场来了200多人，机会难得，突然找回了当年开会的感觉。企业的招商会只有两个小时，但老领导一高兴，讲了一个半小时。主持人急了，提醒老领导时间到了，老领导说，我觉得他们听得很认真啊！你的招商会不请老领导来讲话，或许还能来几家客户，结果请的老领导一尽兴讲话，你的企业一分钱都收不回来了，所以招商形式不对也是问题之一。为什么你的企业融不到资，因为你不懂路演！

路演失败常见的四大通病

综合以上三大困惑，企业不会路演怎么可能成功！为什么很多企业路演失败，看看以下常见的四大通病。

通病一，路演时废话太多。 主办方给你 10 分钟路演时间，到最后你路演完，为什么前来路演都没有说清。

通病二，路演时没有重点。 在路演时生怕遗漏了什么，面面俱到，没有重点，浪费路演时间。

通病三，路演没有痛点。 找不到问题的痛点，不知道企业的产品解决什么问题。对市场不了解，不知道竞争对手在做什么，也不知道产品差异化所在。只活在自己的世界里，站在台上"自嗨"。

通病四，不会塑造产品价值。 这好比在马路边上卖钻石。一颗闪亮的钻石，放到马路边上卖，路人就会认为是假货。再如，再贵的 LV 包放在马路边上卖，路人也会说这包是假的，要把包放在经过豪华装修的店里面卖。场景不对，自然无法通过路演传递出产品价值。

成功路演"六字落地方针"：先修路，后演出。 路演大师所有的理论体系就是这六个字。路修得不对，演得再好也没结果。路修得对，演得差一点，也会有好结果，所以修路很重要。

什么叫先修路，后演出？

来看保时马电动车的案例。2017 年保时马电动车招商不好，销量下滑。全年招了四场商，一毛钱都没招回来，因为电动车确实不好卖！于是保时马电动车老总去深圳学习路演课程，学完之后请了一位老师做顾问。什么是电动车品牌？在消费者眼里，通俗地说就是加工厂，没有什么科技含量，厂家卖什么才能吸引人？老总说："顾问，你看我这个生产线，要不请代理商来看看？"顾问说："别看了，不看代理商还能代理，看完代理商就不理你了。"老总又说："这个厂子的地是我自己的。"顾问说："地是你的有用吗？对消费者而言，厂子有块地和他要买的车关系大吗？"

随着调查的深入，顾问发现，保时马电动车之所以销量严重下滑，主要原因在"品牌影响力太弱，产品无竞争力，团队信心不足"。所以依靠传统招商手段销售会特别困难。老总说："稍微抬点价就卖不出去。"顾问问："是经销商卖不出去，还是你卖不出去？"老总说："我认为是经销商卖不出去！"你看，经销商还没有进货呢，这个老总就认为卖不出去，那这个企业还怎么干！

当时保时马电动车，甚至连定位都没有，只是想着卖电动车能赚钱。顾问仔细研究后，重新为保时马电动车做了定位。保时马电动车有自己的优点，就是跑得远。于是顾问把保时马电动车定位为：跑得更远的电动车品牌。定位完成后，老总就笑了："这句话这么土？"顾问说："土就对了，才符合你们品牌的风格！"有了定位的保时马电动车，重振旗鼓重新上市，结果，一卖就成名了。不要小看这个定位，产品定位很重要，定位就是告诉消费者你卖的是什么！

定位创造了保时马第一战略——"跑得更远"。顾问为保时马想了一句广告语叫"保时马就是跑得远！"这句广告语很有杀伤力！通常消费者在购买电动车时都会问一句："这车怎么样？"之前，保时马没有定位时，代理商说不出所以然，只会说挺好的。消费者问怎么个好法，代理商说质量挺好的。如今消费者再问这车怎么样？代理商会说，保时马电动车就是跑得远！怎么跑得远了？代理商说，你骑一下试试。消费者骑完，发现这车还真是跑得远，掏钱就买了。

顾问当时给保时马做了三大市场指导思想：**第一、植入式体验销售场景**；消费者在试骑的时候，一定要让他骑车上坡，上坡时，还要让他带一个人，证明车的动力十足。消费者骑完后，就会觉得这个车很给力。体验跟不体验的差别很大，所以经营用户时，体验很重要。**第二、聚焦四大战略**；产品要聚焦，市场要聚焦，资源要聚焦，团队要聚焦。通过聚焦，让团队有了明确目标，团队现在做得特别棒。短短一两年，保时马在国内电动车业内成了一匹黑马。**第三、成立中立商学院**；让代理商"先富脑袋，再富口袋"。保时马自己出钱给代理商培训，培训代理商理顺各种经营事项。

2018年1月24日，保时马招商会采用新模式启动，这场招商会一共来了130多人，现场一共成交了21 677辆电动车。老总和他的爱人没想到，快过年了，一下子还能收回这么多钱。这就是路演的杀伤力，什么叫好路演？好路演就是给消费者一个选择你而不选竞争对手的理由。

企业家应掌握五大路演内幕

如何路演？学会以下五大路演方式，可迅速掌握路演的内幕。

第一、融资路演。任何一个企业家必须学会融资路演。此处讲的融资路演不是指债权融资，而是指股权融资，一个企业学会卖股权很重要。企业家一定要学会融资路演，因为学会融资路演是当代企业家最基本的生存能力，是企业家才华的重要展示。有一位企业家学习过路演后，说他看好一块地，原想自己把它买下来，现在他改变主意了，准备用路演的方式让其他人一起来投。这就对了！早先这位企业家都是用自己的钱做投资，他投过很多项目，也亏了很多，还被别人骗过。因为这位企业家是一个内心很单纯的人，他和他的太太的为人都很敦厚，朴实到很少见。他和别人一起做生意，最后吃亏的总是他。他自从学了路演，知道了做事可以不用自己的钱后，就大大降低了他的投资风险。如果只知道用自己的钱投资，买了地，厂子还没建起来，或许钱就不够用了。没钱了再去融资，别人会觉得这是一个半拉子工程，有风险，也很难被说服投资了。

融资跟企业家有多少钱，一点关系没有。企业不用自己的钱去赚钱，才叫高明。企业不能缺钱了才去融资，因为融资是保证企业有现金流储备的重要手段，更是加速项目发展的助推器。企业有2 000万元，再融到2 000万元，就有4 000万元，这样企业的现金流就很充裕，企业的活钱越多，项目的投资回报周期就会越短。

企业如果学会"股权融资+梦想估值",将会获得无限机遇和商机。股权融资主要涉及两方面内容,第一是股权融资,第二是如何让你的梦想变成有价值的东西,企业家要学会如何卖出你的梦想。

融资路演要想取得真实的效果,还得掌握以下内容。

(1)融资路演的四大思维:风口取势、超级拆分、梦想变现、平台发布。风口取势就是如何把你的企业,变成在风口上的企业,让投资人觉得你的企业非常具有投资价值。超级拆分就是要把企业的项目拆分出来去融资。梦想变现就是展示出企业未来的收益是如何获取的。平台发布就是选择一个好的平台,好的方式,把企业的融资活动路演出去。

(2)收益型股权融资方式。这种融资方式是让投资者只赚不赔。设计路演现场人群的融资方案,规划梦想估值的融资方式,把梦想变成市盈率——卖梦想绝对是一个专业活。

(3)融资路演的三大规划。企业要充分准备好路演股权规划,如企业股权怎么规划,企业怎么吸收股权,股权投资人怎么退出等。

(4)讲出你的盈利规划。开发出你的盈利模式并讲给别人听,最后路演企业的产品,未来,实战家+资本家+路演家等于最具竞争力的企业家。

第二、招商路演。很多人对招商的理解就是开一个招商会。错!招商是招募商业合作伙伴,不是单纯地开招商会。如果企业把招商理解为开招商会，那是招不到商的。企业招商，招的是商业合作伙伴。招商是帮助企业建立一张庞大的渠道网络，对企业来讲太重要了，因为没有庞大的渠道网络，再好的产品也是赚不到钱的。"得渠道者得天下"，学会招商路演是一个企业家必须掌握的重要能力。

招商路演要达成三大目的：一是，如何让别人对企业产生信任，产生期望，产生追随。二是，构建招商路演的三大系统：客户系统、会务系统、内容系统。三是，达成招商路演的九大价值规划：价值证明、价值放大、价值需求度、价值独特点、价值需求点、价值差异化、价值定位、价值传播、价值落地。

第三、导师路演。未来时代，企业家都得做导师，未来每个企业都是教育培训企业。导师路演的核心内容：什么是教导力？如何打造企业家导师的影响力、说服力、追随力？如何进行个人信誉的建立？如何让人无条件相信你？如何增员、留员、激发员工的干劲？如何在别人的大脑中植入"相信我，就等于选择了成功"这个意识？如何培养无法抗拒的个人魅力？

第四、模式路演。模式路演的核心内容：要做好模式定位与占据心智产权；模式路演要设计出路演铁三角；模式设计要与竞争区隔开来；掌握商业模式设计五大步骤；熟知商业模式的两大认知。最终达成模式路演结果：形成企业自己独特的商业模式。

第五、销讲路演。销讲路演，重点路演企业家怎么销售。销讲路演不仅讲话要有效果，更重要的是讲话要有结果，要能收钱、收人、收心。应用路演成交系统，可以轻松自如地站在台上，采用一对多批发式销售，让企业家每次开口都可以成为全场的焦点。

未来的企业家，都要是一位路演大师。

"竞争越是激烈，就越需要路演。路演是解决生意难做的一门新商业学科"。这门学科，早学早受益。路演理论将对我国企业产生深远影响，成为同质化竞争时代商业成功的利器。

有一位75岁的女老总，参加了路演导师培训后，在上海对企业内1 000多人做了一次路演。路演结束，1 000多人报以长时间的掌声。董事长亲自跟她握手表示祝贺，她现在已经成了这家企业的顶梁柱。企业有很多重要的场合都会邀请她去讲话。一个75岁的人掌握了路演，可以让生命焕发新的活力，可以唤回生命的年轻态。

一个企业的江湖地位，是由企业家的号召力决定的，企业家的号召力是由企业家的路演水平决定的。全球商业已经进入了路演时代！很快企业家们会发现，在未来做企业，必须要学会 —— 先路演，后生产。

三、反向盈利规划 3：先流量，后产品

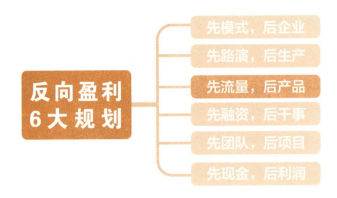

——没有流量再好的产品也无法赚钱！

今天商业已经进入了产品严重丰剩的时代，产品既丰富又过剩。在产品严重丰剩的时代，必须要用反向思维重新思考。今天企业要想卖好产品，前提是企业先要有流量，因为没有流量的企业，是没有办法把产品卖好的。为什么企业产品卖得不够好？这是 95% 的企业家眼下存在的大困惑：产品功能、生产技术、企业都做得特别好，但为什么产品就是不好卖？

根据笔者五年的企业调查，发现产品卖得不好有以下 8 大原因：

第一，产品开发一厢情愿。企业只要在产品开发上出了问题，哪怕产品功能再好，技术再好，依然会卖不动产品。所谓产品开发一厢情愿，就是指从企业的角度看这个产品认为它就是好。举例说明，格力做空调全世界第一，但 2014 年格力的老总董明珠说，格力也要做手机。在 2015 年的一场千人大会上，董明珠真的拿出了格力手机。

之前人们以为她说着玩，其实她说话算话，说做就做，真就生产出了格力手机。她站在台上，把手机从2米多高的台上摔到地上，手机没有被摔坏。所以董明珠说"这就是我们的格力手机！格力手机5年不会坏，凭格力手机的质量，未来我们会做到全球第一名。"格力手机的开机画面就是董明珠的头像，还有她的签名。消费者评论："大姐，一个手机别让我们用5年，手机5年不坏，我们都没有理由换手机了。"

为什么消费者不买账？数据表明，如今消费者平均更换手机的时间是18个月。如今消费者消费尝鲜的心态已经是常态。过去的消费者不敢尝鲜，因为尝鲜预示着要增加成本，但是今天的消费者不一样，他们对新奇的东西越来越愿意提早尝试。他们的一部手机顶多用2年，厂家没说让他们换新的，消费者自己就想换新的了。手机更新迭代的速度太快了，虽然格力手机能用5年，但让消费者并不领情！所以格力手机质量好，不等于卖得好。关于开机画面——董明珠的头像，很多消费者调侃说自从看到这张图片，自己每天晚上都会失眠。董明珠为什么把自己的头像放在手机上呢？因为她是从过去年代过来的人，她觉得自己是知名企业家，消费者能看到她，应该是很高兴的。但是她没有想到今天的消费者越来越追求平权化，消费者和厂家之间是平等的。消费者认为董明珠再厉害，即便自己只是一个打工者，只要手机不好使，他也要去微博上吐槽。

董明珠在产品开发上一厢情愿，造成格力手机做得不成功，这也是意料之中的事。从格力手机案例中会发现,在今天这个时代,企业比拼的不是产品质量,不是产品技术,比拼的是,谁更能够站在消费者角度去开发产品,只有这样才能真真正正地拥抱消费者,获得成功。很多企业之所以产品卖得不够好,是因为企业在产品开发上一厢情愿,企业认为自己代表了消费者,但消费者可不这么认为!这就是为什么,你企业的产品不好卖的原因。

第二,试图卖给所有人。很多企业老总试图把一款产品卖给所有人。在产品稀缺的时代,企业生产一款产品,只要能把货铺满天下,是非常有可能卖给所有人的。但是在产品严重同质化的今天,想把一款产品卖给所有消费者,太难了!今天的消费人群越来越细分,未来时代生产出来的产品,都只限于服务一类人群,未来的消费人群是圈层消费。今天生产的产品只要能为一类人服务,庞大的市场就足够你占领了。企业千万不要想着,做出一款所有人都买的产品。你的企业做不到,苹果也做不到,小米也做不到,格力也做不到。未来要精准找到你企业的产品,到底是为哪一类人服务。

第三,耳根子软,走折中路线。很多企业老总在产品研发、包装、促销上特别容易走折中路线。举个例子,某企业开产品会议。营销部经理说:"老总,我觉得红色是未来的流行颜色,我们的产品包装应该改成红色"。生产部主任说:"老总,红色不好生产,黑色比较好生产,工艺比较成熟,所以我们的产品应该要用黑色"。研发部负责人说:"从研发的角度来讲,白色才是比较时尚的颜色,是与众不同的颜色，所以我觉得咱们的产品应该用白色。"这家企业的老总觉得他们都说得很好，每一个颜色都很有道理，综合了他们的意见，最后拍板做成花色。乔布斯在重大事项上的决策从来不商量，他绝对用独裁的方式做一个决策。作为一个企业的负责人，在今天这个竞争如此激烈的时代，自己的耳根子不能太软，如果什么想法都听，那做出来的产品会没有特色。一个企业家在今天这个时代，对很多事情要有自己的独特判断。

第四，注重理性，忽略感性。很多企业老总在产品上只注重理性，却忽略了感性。理性就是特别注重强调功能技术，不在乎包装设计，不在乎用何种色调彰显产品的特色。小米在做产品研发时，都遵循一个重要的公式，这个公式非常有价值。小米通过8年研究发现，要想做出一款畅销产品必须：产品研发70%靠理性，30%靠感性。当产品的功能做到极致后，一定留出30%去考虑产品的美感。比如，小米台灯整个都是白色，只有一个地方是红色，用小米的话说那叫"闷烧红"，那一小截红色就体现了产品的感性。感性，就是这款产品的性感之处。

企业的产品太理性了就不能"挑逗"消费者，不能够讨好用户。有时候企业产品卖得不够好，其实与产品的功能无关，与技术含量无关，而是与产品不够"性感"有关，不"性感"当然就不吸引人了。

第五，有产品，但没有流量。今天一个企业的产品销售不畅，十之八九是有产品，没有流量。在互联网时代，得流量者得天下，得流量者得利润。未来不能拥抱流量的企业将赚不到钱，只会离倒闭越来越近。今天90%的企业遇到的最大问题，就是有产品，没有流量。什么叫流量，流量简单讲就是客流量。20年前开一个门店，天天挤满人群，今天大商场里基本上没有人。商场里的促销人员比顾客还多，原先的流量都去哪里了？线下的流量多数转移到线上了。

第六，老品牌、老产品被新品牌、新产品瓜分。举个例子，我国以前有一个做奶茶做得特别棒的品牌，叫香飘飘。香飘飘奶茶上市时市值100亿元，2018年整个香飘飘奶茶的销量下滑30%。为什么香飘飘奶茶下滑严重呢？销量下滑预示着一定有新的品类、新的产品、新的品牌在崛起，果然，一个叫喜茶的新品牌正在快速崛起，2019年它还没有上市时的估值已达90亿元。香飘飘成立已经十几年了，上市已经快3年，市值才100亿元左右。为什么喜茶做得好，因为它有很大的客流量，喜茶一个门店一天能卖约2 000杯奶茶。香飘飘奶茶的知名度即使再大，如果有喜茶这样的新品牌在瓜分流量，香飘飘的市值也上不去。2019年全国各行各业的生意相当难做，核心原因就是很多企业没有流量。

第七，老业态被新业态分流。新的商业模式一旦出来就会分流老业态，老业态比如百货大楼、商业综合体、家电专卖场等，新业态如淘宝商城、京东店铺、当当书店、拼多多等。今天很多人逛商场看见一件衣服很好看，就会随手拍下来，然后坐在商场里去网上购买。

第八，传统模式被创新模式分流。 新旧商业模式下，流量发生了巨大的变化，20多年前，消费者流量全部在线下实体店，现在消费者流量50%以上在网上，尤其是年轻的消费者在网上的比例更高，达到80%以上。

以上这8个原因，总结出90%的企业家生意难做的根源。

2019年马云在一次论坛上曾说："过去说企业生意不好做，是部分企业说生意不好做。今年不同了，几乎是所有企业都在说生意不好做。我一天能接到8个借钱的电话，还有10个告诉我要卖房。可以肯定地说，今天中国企业正在进入一个非常难做的时期。"

2019年我国企业家们都在思考一个问题，下一步该怎么办？

如何改变生意难做的局面？

企业应顺应时代变化及时调整思路，思考怎么让生意不再难做。通过下面小罐茶的案例，来看看今天这个时代，企业的产品和流量如何切换，进而转化为盈利。

小罐茶是近年来国内快速崛起的一款新式礼茶品牌。小罐茶从调研到产品打磨，准备了将近5年时间，之后才开始做市场营销。从北京到拉萨，小罐茶只用了3个月时间，就完成了全国市场的铺货。小罐茶以大礼盒形式呈现，主打产品是一个礼盒里放置10个小罐，一小罐4克，50元钱（6 250元/斤）。一小罐的茶叶，四泡基本上就用完了，从消费成本来讲是很贵的。一小罐4克50元钱的茶，就算包装精致，设计高档，单就这个价格，全国能有几个人会喜欢喝它？那谁会喝小罐茶呢？小罐茶在上市之前就已经知道谁是它的消费者，谁是它的流量了。经常喝茶的人不会买小罐茶，因为市场上一斤名贵好茶也没有卖这么贵，懂茶的人会算性价比。也正因为价格，2019年网上对小罐茶的报道铺天盖地，说它卖的不是茶，是智商。

但小罐茶说了，小罐茶就不是卖给普通人的，也不是卖给真正懂茶的人的，更不是卖给那些把茶当作修道的人的。小罐茶很清楚自己的茶卖给谁，它的人群定位是商务精英人士，也就是小罐茶只卖给商务精英人士。小罐茶只卖给这一类人，其流量非常精准，只满足商务精英人士"喝的时候好喝顺口，送礼的时候要有品味"这个精准需求。

接下来，小罐茶就要清晰化销售系统。知道小罐茶的流量在哪里后，就知道小罐茶的广告应该往哪里打，也就知道应该放在什么地方卖小罐茶了。这"三个知道"形成一个销售系统，小罐茶如果不能够形成销售系统，下一步是没有办法产生流量裂变的。

渠道建设方面，小罐茶砍掉了省级代理，压缩了渠道层级，让利润分配更为合理。小罐茶奢侈品级的高端定价，给渠道商留出了巨大的利润空间。销售场地上，小罐茶坚持布局在购物中心的核心地段，不做茶叶市场的批发模式，也不做超市和路边门店的社区销售模式。

商务精英人士与茶的关联通常有两个场景。第一个场景是招待用茶，比如一个做金融的项目经理，今天要和一个客户谈业务，谈成了，这个客户会拿 1 000 万元做委托理财。于是项目经理选择用小罐茶来招待这位客户。如果客户问这是什么茶，项目经理可以说是小罐茶，客户问多少钱一罐？项目经理会把腰挺直了说："不贵，50 元钱一小罐。"商务精英人士都是有钱人，不可能把有钱这事挂嘴上，是要通过使用的物品去传递身价。一个有钱人，通常会是一个讲究生活品位的人，因此其吃穿用也跟普通人不一样。价格昂贵的小罐茶就可以满足商务精英人士的心态，比如奢侈性消费。

商务精英人士与茶关联的第二个场景是送礼。朋友来拜访你，走的时候总要提点东西，礼品必须要让别人觉得有面子。当你一时选不好送什么礼物时，干脆就送价格昂贵的礼物，这通常错不了。国人的"面子消费"是庞大市场，是世界上独一无二的。因此，小罐茶知道精准流量在哪里。当知道了商务精英人士用茶是来招待和送礼后，那就必须要让他们觉得有面子。所以小罐茶才会采用豪华包装，因为用豪华包装可以讨好这一类人。小罐茶的外包装采用了典型的奢侈品包装方式，拿出来让人感觉很有面子。小罐茶一出手，就是模仿世界上奢侈品的外包装方式，这和传统茶叶商城的品牌卖茶叶根本不是一个思路。这就是为什么一个从来没有做过茶叶生意的小罐茶的老总，2018 年销售了 20 亿元。

小罐茶知道自己的精准流量是商务精英人士，所以它一出手就要让广告占领制高点。小罐茶在国内的民航杂志上打广告，你坐飞机打开民航杂志后可以发现前两页基本上都是小罐茶的广告。小罐茶还在奢侈品杂志上打广告，通过这些宣传手段，让其品牌价值不断地往奢侈品维度上靠，这样高端消费者才会觉得，花50元钱喝这么一小罐很值。

小罐茶除了知道广告怎么打，还会考虑另一个问题，这个茶到底在哪里卖？全国做茶叶生意的99%都会出现在茶叶市场，或称茶叶批发市场。小罐茶想，如果一个茶卖得这么贵，把它放到茶叶市场上去卖，那么它就跟其他茶叶又分不开了。在茶叶市场去卖，铁定做不过那些包装一般的其他茶叶，其他茶叶还会有价格优势，或老客户优势，这两点小罐茶都不具备。小罐茶非常聪明，一开始就坚决不去茶叶市场，只在城市中心门店卖，而且卖茶的代理商全是外行。小罐茶大部分的代理商是没有卖过茶的。假如去找做过茶叶生意的人做代理，他们会说小罐茶没有知名度，价格太贵了，根本没有竞争力，肯定卖不掉……问题一堆。小罐茶90%的代理商根本不是做茶的，根本没有卖过茶，对茶叶也谈不上懂，基本上都是想开辟新生意的人。正是因为小罐茶的代理商对茶不了解，所以小罐茶在开招商会时代理商就特别容易花钱。这些小罐茶的代理商很有钱，他们自己不做没有关系，可以给自己家人找个活做。

这些小罐茶代理商，付100万元的代理费，一点也不犹豫。山东省一个小罐茶代理商，一开始只做济南这个地方，因为自己身边有资源，就和朋友说自己做了小罐茶，邀请朋友来看看，如果需要的话朋友可拿去用，结果生意还真的不错。代理商一看就干脆把整个山东省的代理拿下来了，代理费至少得800多万元。

小罐茶具体在什么地方销售呢？一般是在城市的CBD（中央商务区）租一个体验店来卖。这样才显得与众不同，比如济南小罐茶就只在恒隆广场卖，因为恒隆广场是白领和中高端人士经常去的地方。小罐茶连在万达商城这样档次的地方都不卖，因为万达商城的客流不是小罐茶精准的人群。

通过小罐茶这个案例可以发现，今天做生意的逻辑是，要想做一款产品，首先要找到谁是你的流量，你的精准流量在哪里。当你知道了流量，就知道在哪个地方做广告，就知道你企业的产品该在什么地方卖，这样就能形成闭环销售系统。

今天的小罐茶销售，网店依然不是其主卖场，因为在网店卖小罐茶是不具备任何优势的。因为这些商务精英人士不怎么在线上消费，小罐茶的主流销售方式还是在线下，所以不要说线下没生意做，那要看你怎么做。小罐茶的销售70%是团购，30%是零售。

小罐茶成功的三大精准战略

第一，知道精准的流量人群是谁！企业产品没有上市前就知道产品卖给谁，在未来的时代精准流量很重要。记住"精准流量"这四个字，就知道企业产品是为哪一类人服务的。

第二，知道精准的品牌传播媒介在哪里！今天花费的每一分钱，都要产生双倍的价值回报。品牌传播必须精准,品牌到底在哪里传播,用什么方式传播,企业都要一清二楚。未来品牌传播媒介会有两个,第一个传播媒介是图片传播,图片设计非常重要,但很多产品的广告图片上面什么都有,需要改进,好的图片设计讲究精准传播;第二个传播媒介叫短视频。进入5G(第五代移动通信技术)时代,短视频一定是未来主流传播方式,所以未来企业一定要有短视频制作能力,不会制作没有关系,可找会做的人。

一幅图片赶上1 000个文字,一段视频可以赶上10 000个文字。今天,很少有人还能有耐心读完10 000字的文章,但是很多人有耐心看完2分钟的视频。

第三,知道精准的销售场景在哪里! 如果你也卖小罐茶,但只能找到一些卖茶叶的代理商,却找不到没有做过茶生意的代理商,那就是你的运营团队出了问题,老总就要随时调整团队。

总结一下,**过去做生意最贵的是地段**,地段越好的门脸房,租金越贵。**现在最贵的是流量**,各行各业获取流量的成本越来越高。今天必须学会自己通过信任来获取流量,而不是花钱买流量。**未来最贵的是粉丝**。为了获取粉丝,未来每个企业家都得学会路演,企业家只有具备极强的路演能力才能聚集身边的粉丝,还要通过导师身份输出理念,从而让你的粉丝追随你。企业可以把代理商变成你的粉丝。什么叫粉丝?粉丝就是铁杆追随者,他不光自己消费,还帮你拉一群人也来消费。即使你的企业遇到困难了,粉丝们宁愿众筹10万元钱支持你，也不希望你的企业垮掉，能做到对企业不离不弃。不要总是数你有多少个代理商，应该去深度思考，3年内能把多少个代理商变成企业的粉丝。有一位从事激光设备制造的老总说，他通过路演收获了人心，现在已经把五六十个客户发展成粉丝，他们经常打电话交流，这就是教育的力量。当一个人能够站在台上，通过一两小时说服别人，别人才有可能变成你的粉丝，简单的利益交换是换不来粉丝的。

未来一个企业家能不能把事业做大，由三个字决定："借、分、共"。

借——借别人的名为你服务。 借别人的知名度为你背书，借别人的场所为你吸引流量。一个会借的企业家，才是有大智慧的企业家。我国很多企业家虽然已经进入互联网时代，但做事业的思维依然是农业思维，从来不想到底怎么轻松一点去做，还是那么忙碌。今天这个时代依然有机会赚大钱，例如网络直播，有很多主播通过带货一年就能赚三五千万元。今天一定要想办法借，借别人的力量为自己服务。

分——要想着跟别人分钱。 一定要舍得跟别人分利，一定要舍得跟别人分舞台。这个世界要想赚大钱，就要学会跟别人分钱。钱是分出来的，你能够分出去1 000万元，就能赚1 000万元回来。马云在阿里巴巴的股份只有约7%，但他依然能成为我国的富豪，分得越多赚得越多。一个企业如果赚得不多，企业家有100%股权有什么用！你一定要会分，不分谁帮你干活？不分，怎么能够有人愿意跟你一起打拼呢？

共——要学会跟别人共享。有资源一起用，有流量一起用。一个企业家不能光从别人那里索取而不贡献，到最后谁都不会跟你做，朋友越交越少。

一切生意的本质皆流量。有流量就有生意，没有流量就没有生意，未来时代要想赚钱，必须从产品思维反向到流量思维。无流量，就没有生意。未来会有一些企业家没有生意可做，或有生意做但没钱赚，归根结底是没有流量。企业老总千万不要总告诉别人，自己的能力有多高，自己的学历有多高，别说自己很勤奋。没有流量，再好的产品也没有办法赚钱。

企业的流量从哪里来？

企业的产品和技术是为人服务的，先得有人，再谈服务，哪里人最多，企业就应该去哪里。**微信**，是一个朋友圈聚集的广场。今天我国大部分人都在使用微信，微信是企业重要的流量来源之地。企业要用好朋友圈，不要乱发广告，避免发生被别人屏蔽拉黑的事情。**微博**，是一个快速传播信息的广场，企业都应该在微博开一个官微，借用微博快速传播信息的超级能力，从广度上去传播你的品牌。**今日头条**，是一个深度传播信息的广场，它尤其适合做企业和产品深度信息的传播。**抖音**，是一个短视频大众广场，每天的日活跃用户数为2亿多，并且人们刷抖音的平均时长是2小时，产品的短视频在抖音上能获得惊人的点击量。**拼多多**，是一个众筹购物广场，客户经常能在拼多多上购买到意想不到的低价商品，这展示的是团购的力量。

用户量上亿的平台还有**淘宝、天猫、阿里巴巴、京东、唯品会、快手、百度、网易、搜狐、360、知乎、QQ、爱奇艺、优酷、喜马拉雅**等。今天的我国网民经常出现在这些热闹的平台上，在这些平台上如果找不到你的企业，找不到你的产品，那你的流量来源就会缺失很多。因此当下流行一句话："不要跟朋友做生意，要跟有流量的人做朋友。"因为你跟朋友做生意，朋友总觉得你想多赚他的钱，所以不要跟朋友做生意，一定要跟有流量的人做朋友。要想尽各种办法，跟有流量的人发生利益关系，这样流量就会为你的企业所用。假如你认识一位老总，他有400多家门店，那你要去跟他做朋友，因为你企业的产品借助这400多家门店展卖一下，说不定几百万元的营业额就来了。那位老总有400多家门店，代表着他有巨大的客流量。如果一个企业家不知道和谁做朋友，天天活在自己的世界里，那么对产品销售是没有促进的。谁有大量的门店，谁有大量的流量，谁的资源能够联络到1 000人，谁就是你一定要想办法与之发生利益关系的人。像大家都比较熟悉的百度、腾讯、万达、万象城、机场，它们都在卖流量。到机场租一个门店会很贵，到高铁站租一个门脸房更贵。为什么贵，因为那里有大量的人流量。

今天卖流量才是最暴利的模式之一！这就是为什么阿里巴巴的利润能达近50%。举个例子，雷军在一次演讲时讲了一段话："小米的硬件综合利润率，永远不会超过5%。如果超过了，我们会把这些钱返还给用户。"为什么小米的硬件综合利润率不会超过5%？很简单，因为小米的主营业务是手机，但手机并不是小米赚钱的核心产品。小米手机是用来获取优质流量的，小米手机是流量的入口。为什么小米手机不卖贵，是因为小米需要持续获取大量的流量。小米手机月活跃用户有2亿人。雷军说："用户是小米最宝贵的资产，要和用户做朋友，用户就是流量。"

小米拥有这些流量后，就可以实施生态品牌战略。可以做小米生态链，可以做小米金融、小米游戏、小米家居、小米电器，就可以反复不断地变现。雷军有句名言："用户就是小米的流量，小米的资产就是用户，经营用户就是经营利润。"

小米用两个法宝来经营自己的用户。过去卖手机的经营过用户吗？没有！手机卖给你之后，关系基本上就结束了。但是小米不一样，因为小米找到了今天生意的本质，一切皆用户，一切皆流量。

来看看小米如何用两个法宝来经营用户和流量。第一个法宝是米粉节。每一年小米都会举办米粉节，在全国各地建设粉丝系统，持续不断地跟小米的用户发生关系。通过在米粉节上发放各种纪念物，让用户有成就感、荣誉感。第二个法宝是小米家宴。每一年小米在全国各地以家宴的方式请小米的粉丝"回家"，聚在一起吃饭。小米举行家宴的时候，会发请柬，还要做T恤衫，粉丝都要穿上小米的服装。当粉丝统一穿上小米的T恤衫时，就会被小米的价值观和文化所感染。通过这些年持续不断的活动，小米构建了一个全球粉丝系统。小米知道如何经营自己的流量，并持续不断地跟用户发生关系。

新商业逻辑的核心是由关注产品到关注流量，由经营产品到经营用户。"经营流量和用户"是未来新商业逻辑和赚钱的关键核心。我国很多老总赚了钱，只知道往自己口袋里装，从来不考虑拿出来一点利润，放到用户、客户、粉丝的经营上。

要认真实施"先流量，后产品"。未来新商业逻辑要从关注产品到关注流量，从经营产品到经营用户，这是一个非常巨大的商业转变，目前各行各业正在发生这种变化。

机会永远留给有眼光的人。只有企业家的视角变了，思维变了，一切盈利才皆有可能。即便是当淘宝、京东做得风生水起的时候，它们也没有料到杀出来一个拼多多。拼多多上的很多用户收入并不高，用拼多多的话来讲，他们的用户都是在五环以外的。不要小看五环以外，这个群体更庞大，所以拼多多用3年多时间，完成了3亿用户的积累。

我国今天不仅消费在升级，还在发生一件比消费升级更重要的事情，叫消费分级，我国的消费正在不断地分层分级。很多人不喜欢拼多多这样的平台，因为拼多多刚起来时，为了便宜存在很多"山寨产品"。后来研究发现，事情不是那么简单，我国还有很多人生活不富裕。这部分人群的规模很大，不要小看他们，他们也需要消费。当然，再便宜的商品也应该有底线，低价商品的底线是不应该有假货。

我们也看到拼多多在改进，也在不断打假。通过拼多多的例子，可以看见在生意中，用户才是关键，有用户就会有流量，这是商业的重中之重，有了流量就找到了赚钱的源头。

当拼多多积攒了3亿用户时，很多商家开始愿意在上面打广告。拼多多的广告费上涨得特别快，从最初10多万元一条广告，到后来的80多万元一条广告，到现在200多万元一条广告，当你有了流量就可以发生很多正向盈利的事情。现在，拼多多的影响力越来越大。

举个例子，过去一说企业家多数是指制造业企业家，而门店老板因经营的体量太小，很少称他们为企业家。其实，我国的门店生意，才是未来10年的核心。从2018年开始，阿里巴巴、京东等都在布局线下，抢占门店。千万不要小看这些门店的老板，他们有钱、有时间。制造业企业不一定有钱，因为制造业的投资规模大、回报周期长，应收账款也特别多。门店的老板不一样，他们的好处是，今天卖了5 000元，这5 000元就装在了口袋里，一分钱的应收账款都没有。很多实体门店的老板活得特别滋润，一年赚500万元，这500万元就在口袋里装着，因为门店生意产生的基本上都是现金流生意。

在未来时代，谁有现金流谁才是特别厉害的。不要说你企业的营业额一年做3亿元，如果有2亿元应收账款没收回，企业说倒闭就倒闭！企业只要有现金流，就可以用它做很多事情。反之，企业想做的事有很多，都会因为没钱而放弃，如果企业没钱，所有的想法都是纸上谈兵。

未来企业赚钱只有两种方法：第一，做有流量的生意。如果把流量吸引过来后再分发，企业就可以赚大钱，但放眼望去，能做流量生意的企业不太多，这需要有平台。第二，和有流量的企业结盟，大家一起做生意。这就是未来赚钱的两种方法。

为什么很多人愿意被阿里巴巴收购？我国有一个送外卖的平台叫饿了么，2018年阿里巴巴用95亿美元，收购了饿了么这个平台。饿了么为什么愿意卖给阿里巴巴？因为阿里巴巴有大量的流量，饿了么把自己的流量和阿里巴巴的搭载在一起，就会产生更大的新流量，饿了么的估值就会上升更快。很多人愿意加入小米的生态链，也是因为小米有流量。

总结一下，反向盈利规划3：先流量，后产品。

传统企业靠的是正向盈利，先有产品，后找流量。但未来盈利应该是反向获取，先要有流量思维。你的产品有多好，不重要，是否找到精准的流量，很重要！最关键的是，在企业产品没有上市之前，企业已经知道产品将会卖给谁。今天做企业，必须要先考虑流量在哪里，企业找到流量后，反过来再来做产品，等生产出来产品，依托流量渠道再售卖出去，才是企业今天做生意最正确的盈利路径。

未来，企业要想赚钱必须做到，先流量，后产品。

四、反向盈利规划4：先融资，后干事

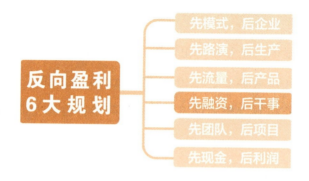

——用别人的钱干大家的事！

我国很多企业家办企业，不融资，就开始做事业。今天这个时代一定要先融资，后干事。先把钱融到口袋里再做企业，融不到资别干！

大家都熟悉雷军和罗永浩。罗永浩现在几乎把锤子科技给做倒闭了，锤子科技搬到成都去之后加速了失败，因为成都人对锤子这个词很反感，认为是在骂人。但罗永浩执意把锤子科技总部搬到四川。从口才上讲，罗永浩比雷军的口才要好，他能说会道，一场发布会能有几万名粉丝听。罗永浩的粉丝听完他的发布会后，会哭得稀里哗啦，都表示要支持锤子手机，要支持罗永浩，但一离开会场可能就去买苹果手机了。

有口才不等于会路演，一个人的口才好，并不代表路演水平就高。罗永浩的口才这么好，他做出来的产品自称是"全世界最具有工匠精神的手机"，天天喊着要收购苹果，这样的一个人却几乎把锤子

手机给做倒闭了!

罗永浩比雷军到底差在哪一点?如果一个企业家在关键点上输了,那他的整个生意就输了,来看看这两个人到底有什么不同,来看看小米这九年来神奇生长的背后力量。为什么小米成立8年时间就能上市,2019年成为世界500强?2019年上半年,小米实现总收入957亿元,净利润57亿元,小米手机全球出货量为6 000万台,稳居世界前四强行列。小米是怎么做到的?在今天这个时代,企业家一定要研究雷军,因为他是当下最值得参考的榜样。

先融资,后做事。2010年4月6日,小米创办时只有14名员工,雷军先把这14名员工做了估值,1.7亿元。连个招商计划书都没有,他就告诉投资人,小米要做手机,结果第一笔风投拿到了500万美元(这家风投在小米上市后获得回报高达866倍,43亿美元)。6个月后,小米估值涨到了2.5亿美元,当年成功融到4 100万美元。雷军还没有开始做事业,就先找了14个人,用这14个人跟投资人讲故事和梦想。创办那一天,大家一起喝了碗小米粥,就开工了。

融资是两个维度的事,第一个是项目融资,第二个是梦想融资。小米手机还没有生产时,就已经融到4 100万美金。这家企业一出手就是国际化操作,因为融人民币和融美元对下一轮的融资影响是不一样的。2011年,小米有了30万订单,估值已达到10亿美元,又融到9 000万美元,先收了融资的钱,当时并没交付手机。2012年,小米手机的销量达到719万部,估值为40亿美元,2013年销量为1 870万部,估值为100亿美元。2014年,销量达到6 112万部,估值达到450亿美元,融到了 10 亿美元。2015 年，销量达到 6 750 万部，估值为 460 亿美元。2016 年，小米市场遭遇滑铁卢，原定销售 8 000 万部，最终销售了 7 000 万部，估值降到了 420 亿美元。2017 年，小米手机的销量突破了 9 000 万部，估值为 560 亿美元，又得到了 10 亿美元融资。2018 年，小米在 H 股上市。下限每股 17 美元，开盘市值为 484 亿美元。2018 年小米手机销量为 1.2 亿部，排全球第四。

小米快速生长的背后有大量的资本做推动力，再直白地说就是小米一直有钱，融资融到的全部是现金流，这就是小米能够一直发展得很顺利的原因之一。企业要彻底改变过去做生意的方式，老总一定要先把大量的钱握在手里，这就是雷军跟罗永浩最大的差异。罗永浩都是用自己的钱做事，一家企业要想加速发展，第一需要人，第二需要钱。不要说钱不重要，当一个人成为商人后，千万不要说钱不重要，如果说钱不重要，就不要做企业老总，即使做了也是一个不称职的、不合格的老总。

如何做到先融资，后干事？

卖得掉的项目才是好项目。未来企业家一定要有这样的思维——卖得掉的企业才是好企业。未来企业家如果不具备这样的新生意思维，那就不是一个合格的企业家，至少说明是旧时代的企业家，不是新时代的企业家。新时代的企业家做项目，应该一出手就能卖掉项目，一堆人想投项目，一堆人想跟着你挣钱。如果一个企业的项目一堆人争着投，那一定是个好项目。如果企业的项目在全国四处路演都没有人投，就先别路演了，停下来想想为什么。

企业的项目要能致富，没钱赚的项目永远都卖不掉。让别人掏钱投资是一种轻资产运作方式。融到的不只是资金，还会融进人脉和资源，人脉和资源这两个比资金更重要。企业家要笃定，人比钱更重要。只要有了融资意识和概念，企业老总即使开个小店也可以进行三方融资，比如可以去开鸭脖店、开蛋糕店、开卖茶体验店。

有人问，开个小店怎么融资呢？可以找融资股东，融资股东就是只掏钱不操心的人。比如有人开个卖茶体验店，问你愿不愿意拿2万元钱，不用你做这件事，知道你平时太忙了，没有时间，你只需要投资，当个融资股东就可以了，不影响你正常的工作节奏。

如果正好你也有家店，问对方要不要也来投2万元，就当融资股东，不用操心运营。对方说可以，这就相互产生裂变。现在企业互投的有很多，尤其是互联网科技企业，都是你中有我，我中有你。假设百度持有阿里巴巴和腾讯的股票，就可以分享淘宝、天猫广告和腾讯广告的收益；阿里巴巴持有腾讯和百度的股票，中小企业的广告就不怕被企业公众号和百度百家号分了；腾讯持有阿里巴巴和百度的股票，甚至可以直接将淘宝、天猫的商户引入腾讯那巨大的流量池中，这样百度的人工智能搜索可以作为全网入口，"万能"的淘宝和天猫上的产品可以在全网通行无阻。互相投资后，美团打赢了，阿里巴巴受益，腾讯和百度也会获得股东利益；滴滴出行打赢了，腾讯将会受益，阿里巴巴和百度也会得到财务回报。

企业家不要总想着占别人的便宜，这个世界上越想占别人便宜的人，越做不大。这个世界上每一件事都要公平交易。永远不要想着占别人的便宜，永远要想着让别人从你这里占便宜，这才是一个做大企业家的心态。这些年，一些企业为什么做不大，因为企业家只学到了一点忽悠别人的东西，只学到了一点方法和工具，却没有回归到商业的源头，寻找和理解商业的本质。

一定要深刻理解这句话——想做大，跟谁结成利益联盟非常关键！第一要重新想象，第二要重新思考。只要能够把这两件事做好，企业赚钱就是顺其自然的事。

内部融资可以融钱又融心

企业给员工股份让员工也掏钱，或者把他的工资变成投资款。人只要掏钱了就会掏心。假设一个店长的工资是 10 000 元一个月，能不能发他 7 000 元，将其余 3 000 元变成投资款？企业把店长的一年工资中的一部分，当成投资款让他投进来，投进来之后他就会比你更操心。操心是因为他投钱了，投钱后，这个店的营业额就和店长有直接关系了，他就更加愿意操心。如果没有股份，营业额多少就没有那么重要，营业额高，店长顶多拿点业绩奖金，店长只能是打工的心态。

消费型股东也可以做融资

企业还可以让消费者融资，比如老总开了一个茶叶店，可以把老总身边20个好朋友变成消费型股东，动员他们把未来三年的消费一次性付给企业。和他们算笔账，未来三年，一年要买2万元茶叶，把6万元先放到店里，然后给他们一些股份，之后他们来拿茶叶的时候，说好这6万元能拿多少茶叶。通常老顾客打7折，消费型股东直接打5折，他们觉得划算就会同意了，反正都要买茶。如果你找到20个人，每个人投6万元，光这20个人就有120万元了。120万元中租个小门店花费十几万元，剩下的足够三年开店费了。老总手上有120万元资金后，开这个茶叶店的底气都会比邻家的店足。今天的企业家做生意，如果连这点都想不明白，还做什么生意呢！

反之，如果这个茶叶店都是老总自己掏钱做，心态就会不一样。人只要自己掏钱做事，内心就特别紧张，特别焦虑，内心深处就特别想赶紧把钱赚回来。人一着急，就容易上火，若再遇到一个挑剔的顾客，与他说不上几句也许就吵起来了。商家和顾客吵架，生意还能红火？老总越想快速把钱赚回来，反而越赚不到钱。企业融资后用别人的钱做事，做生意时都会心平气和。老话说和气生财，说的就是这个理儿。心态不同，企业做生意的感觉和角度就不同。所以，只要你敢想，哪怕开个小店，都是可以融到资的。

用别人的钱赚钱是本事

用自己的钱赚钱是本能，用别人的钱赚钱是本事。什么叫本能，所谓本能，就是生来具备的能力。当你有了新出生的小宝宝，两三天以后，你就会发现小宝宝自己会找奶喝，没人教他，他就会，这就是本能。饿了他就哭，要吃奶，这叫本能；热了他也哭，告诉你，他不舒服，这叫本能。因为小孩子不会表达，他只能够用哭来表达。有没有人教他呢？没有。

一个人做生意时，如果口袋里有50万元，拿出来30万元，如果30万元在一年内挣回来了，那就没有问题，剩下20万元留着用于家里的生活。要是这30万元没挣回来呢？剩下那20万元生活费就得被挤占，说不定生活都会成问题，所以一定要尽可能地用别人的钱来做事。**用自己的钱赚钱是本分，用别人的钱赚钱是本事**。如果一个老总能够用别人的钱赚钱，说明他有本事，说明他很会做生意。数据表明，越是大企业家，外面欠的钱越多。做生意有借款很正常，当然一定是合法借款。

企业要想说服别人融资，路演水平一定要高。路演水平不高人家为什么要掏钱给你呢，投资人都不傻。企业家从现在开始，就要训练用别人的钱赚钱。向马云这样的人学习，向雷军这样的人学习。一个企业家最高级的赚钱方式就是用钱生钱，而不是到六七十岁了，还在拼着老本赚钱。

你的项目为什么融不到资？

企业项目融不到资会有两个原因，一是企业家不具备资本思维，没有把项目做成让别人觉得有投资价值。二是企业家不会进行项目路演，说服不了别人投资。要想让企业的项目融到资，企业家必须要具备资本思维，必须学会融资路演、招商路演、销讲路演。这是企业家必须具备的基本功。**什么是资本思维？资本思维就是，把不赚钱的企业变成赚钱的企业，把赚钱的企业变成值钱的企业**。企业的项目要想让别人投，就必须让赚钱的项目变得更值钱。要站在未来的视角，至少要看到三年之后，即便是不赚钱的企业，也要想办法变成值钱的企业。很多互联网企业每年都亏损，但投资人并不害怕，反而一轮一轮跟着投，为什么？别看这家企业没有赚钱，但它圈来了大量的用户，有大量的用户在，企业就会变得值钱。企业只要值钱了，即使当时不赚钱也会有人投。

有很多企业家挺想融资，但自己的企业亏了三年，觉得自己没底气融资，其实投资人看的是企业的未来，他敢投你，是因为你的企业值钱，只要能说清楚你的企业为什么值钱，投资人就会投你。企业家从现在开始一定要转变思路，因为亏钱并不代表融不到资。亏钱不重要，只要你的企业值钱，依然会有人投，只要企业家能做到，把不赚钱的企业变成值钱的企业。

什么样的企业才值钱？

拥有以下 5 个特征的企业才会变得值钱。

特征 1：拥有大量用户的企业，将变得很值钱。这就是为什么拼多多虽然亏损但是依然上市，并且市值达到 400 多亿美元。拼多多为什么值钱呢？因为它有 3 亿多用户。瑞幸咖啡现在每个月也有亏损，为什么依然发展得很好呢？因为瑞幸咖啡有几亿用户，每天的订单几千万，未来拥有大量用户的企业将变得很值钱。

特征2：拥有独特商业模式的企业，将变得很值钱。一个企业如果有独特商业模式，其竞争力就会高于同行。在某个领域、某个技术、某个资源、某个渠道上，别人就是做不过你，因为你的模式就是钱。

特征3：拥有一个很厉害的创业团队，这个团队就很值钱。很多投资人投资时就愿意看中团队，今天企业要启动一个新的项目，一定要找一群价值观趋同的厉害人，组成创业团队，或者叫股东团队。千万不要把自己的七大姑八大姨拉进来，因为这些人组成的不是团队，顶多算亲友团。找股东要找好股东，要么他有背书，要么他有流量，要么他拥有资源。如果企业找的那些股东，能力一个比一个差，这样的股东团队谁敢投，没有人投！

特征4：拥有大量的渠道，就有人愿意投。有两个人，合伙做了一个叫"牛小堂"的食品店铺，打算未来3~5年把它做成一家有资本属性的食品企业，最终把它做上市，然后卖给周黑鸭。它们把牛小堂全部变成现金后，再找下一个好项目去做。为什么周黑鸭会买"牛小堂"？因为这两个人告诉周黑压鸭自己有500家门店卖给他，以优惠价。周黑鸭一定愿意买，因为周黑鸭如果自己开500多家门店，多慢啊！所以企业手上有大量的渠道，就有人愿意给你钱。

特征5：你是一个领袖型老总，你本人就很值钱。很多投资人投资就看企业的老总是什么人。人对了，钱就有了。

综上，值钱企业有以上 5 个特征：用户、商业模式、团队、渠道、领袖型老总。企业家都可以自查一下，看看自家企业到底在哪几个方面值钱。这 5 个特征不需要企业全部具备，具备一两个就够了。比如，企业拥有团队和渠道，在投资人眼里，这就很值钱。要是企业再具有独特商业模式的优势，那你的企业就更值钱了。

如何让自己成为一个值钱的人？

不仅企业可以变得值钱，在未来的时代，每一个人都可以把自己变成值钱的人。如果一个企业家自己变得值钱了，就会召来很多创业者跟你一起创业，也会召来很多"财神"，一路投你。企业家如何把自己变得很值钱，这是今天每个企业家都要深度思考的问题。

要想融到钱，企业家就得想办法，把自己变成一个值钱的人，这点非常重要。2017 年，服务业在我国 GDP 总额中占比超过 50%。这意味着，未来稳定性单位就业的机会将越来越少，靠个人能力生存的人会越来越多。全球社会都奔着现代化终极目标——个人现代化去进发，未来工业 4.0 时代，城市的使命不再是围绕制造业，而是依托服务业去创造新生活，经济主体将转变为个人。研究发现，在自媒体和互联网非常发达的今天，一个人就可以是一家企业，就可以是一个组织。现在工商注册已经可以成立一人有限责任公司了。再比如做保险，个人就可以是一家企业，自己就是一个平台；做直销也是如此。你只要想清楚，客户为什么要从你这里买保险，为什么要跟你一起做电商，你就可以把自己打造成值钱的人。

通过大量实践验证，一个值钱的人，通常会由以下5个维度构成。

第一，要打造个人品牌。比如吴晓波，他就是个人品牌。今天企业家要善于利用各种自媒体工具，打造强大的个人品牌。在互联网上做个人品牌，也叫个人IP（知识产权）。在网络上先有个人IP，之后才会形成流量。个人IP，就是个人在互联网上的身份。在未来，将出现很多个人品牌，出现很多个人企业，这也是互联网下半场的趋势。未来，每个企业，都将有专属区块，叫企业专有区块；每个个体，都将有专属区块，叫个人专有区块。企业专有区块和个人专有区块，通过专有链、联盟链、公有链，去和全社会的区块相链接，形成区块链。在未来区块链时代，企业和个人的影响力价值将会是巨大的，不论大企业还是小企业，在区块链时代大家的权利都是平等的。

未来，企业家要有意识把自己当作品牌来打造。比如每次股神巴菲特办股东大会的时候，都有几万人去听。我国企业家都愿意花两三万元到现场去听巴菲特演讲。因为巴菲特已经形成了个人品牌。在未来的时代不光存在着产品品牌、企业品牌，还存在着个人品牌，**打造个人品牌最关键的是信用。未来一个人的信用可以当作钱来使用**。在未来区块链时代、一个企业、一个人，能否从事商业活动，依靠的就是信誉度。不仅是企业和个人，连货币都将实现信用化，比如比特币就是一种信用化数字货币。从今天起，我国所有企业家都必须珍惜个人信用，区块链时代的经济，本质上就是一种信用经济。现在很多新兴金融银行只需要个人信用就可以发放贷款，根本不需要实物抵押。今天，企业自己开个网店，却很难实现直接交易，迫使企业花费昂贵的租金去天猫、京东开店，才能把货卖掉。为何企业自己建网站、开网店鲜有成交？因为中间隔了两个字：信誉。成交之所以难，根本原因是企业网店的信誉度不够——无信誉，难成交。

未来，企业家靠谱比能力更重要！如果大家在一起交流说到某人时，有人提醒别跟这个人打交道，这个人不太靠谱后，这人就丧失别人对他的信任了。未来，那些不讲诚信的企业家，那些不靠谱的企业，都将慢慢失去自己的人生舞台，因为互联网已经把整个社会变得非常透明，好事不出门，坏事传全网。

第二，要想让你变得值钱，就要在你所在的行业、你所在的圈层成为意见领袖。 什么叫意见领袖？就是企业家能用自己的理想，用自己的价值观去引领一些人。要想成为意见领袖，企业家必须加速自己学习的速度。比如，企业老总学习了反向盈利，而后把反向盈利的内容总结提取成自己的观点，再在自己的圈子里面向大家分享，那他一定会成为反向盈利这方面的意见领袖。成为意见领袖就能吸纳到粉丝，有粉丝他就会有影响力。

第三，要想让自己值钱，一定要坚持讲信用。 未来，一个人的信用，将是一个人宝贵的资产。曾经有一位导师，几年前在北京工作，他有很多朋友都是从某电视台出来的，有些朋友让导师帮助提供经营建议。这个导师人很实在，提了一堆方案，提完建议后这些朋友也表示感谢，还说过几天给导师拍个宣传片，结果导师等半年也没有音讯。

后来导师结识了一位姓权的朋友，也是做摄像拍片的。和导师一番交流后，姓权的朋友说过几天给导师拍个宣传片。导师已经习惯了这种承诺，没太当回事，因为之前很多人都说要给他拍宣传片，最后都不了了之。没想到，才过了两天，这位姓权的朋友还真就把拍宣传片的底稿拿来了。他说："导师你看看，这是我给你写的脚本。"导师第一时间感觉到的是这个人靠谱，最起码他说了以后就做了。又过了一段时间，姓权的朋友说："导师，你准备一下，我安排人给你去拍宣传片。"导师就问他："你拍我得给你钱。"姓权的朋友说："不要钱。"导师说："那不行。"姓权的朋友说："摄像师给500元钱就拍完了，我多听您两节课，就当付学费了。"导师很感动，感动的原因是这个朋友靠谱，他说了就去做了。作为回报，导师后来为他介绍了不少业务。

靠谱的人跟靠谱的人合作，彼此一定能够赚到钱，大家在业务上的来往也都很放心。后来导师逢人就介绍，拍宣传片一定要找这位姓权的朋友，介绍语就一句话：这人靠谱。

第四，在你的圈层有号召力。你在所在的圈层有没有号召力非常重要，企业家要想成为意见领袖，就应该在朋友圈里面有号召力，有影响力。企业家如果具备号召力，未来想做一件大事，一定会有人跟着他做,企业可以通过这些人把项目变成现实。

第五,你具备一定特殊才能。什么叫特殊才能?比如,有人会拍影视片,有人会谱曲,有人会开发小程序,有人擅长写文案,有人处理图像很专业,只要你有一技之长,你就具备了特殊才能。有才能的人,大家都愿意跟他合作,因为他能够给别人带来价值。

综上,值钱的个人通常具备以上5个条件:有个人品牌、是意见领袖、讲信用、有圈层号召力、有特殊才能。

牢记这两句话:"值钱之前,是你求别人;值钱之后,是别人来求你。"今后,企业家务必要做一件事情,就是让自己变得值钱。值钱的人,永远会站在未来的角度看现在,而不是站在过去的角度来看当下。值钱的人总是把眼光放得非常长远,做一件事情,要放眼看到10年之后的结果,而不是只看此时此刻。虽然你在前面两三年可能得经历很多摸索,但只要不放弃,总能找到一条适合自己的路。

总结一下:传统企业家是用自己的钱赚钱,未来,通过反向盈利规划,学会用别人的钱去赚钱。

这就是反向盈利规划4:先融资,后干事!

五、反向盈利规划5：先团队，后项目

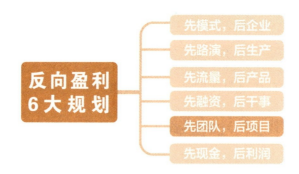

——没有团队再好的项目也会打水漂！

这些年，很多老总在相聚时，谈得最多的事情是谁的企业能得到一个好项目。其实，今天的中国永远都不缺项目，项目层出不穷。但无论多好的项目，最终能不能落地，都要依靠团队的力量。一个老总，做项目之前，一定要先组建起一个核心团队。哪怕这个团队只有3个人，或者5个人。企业要打赢商海盈利之战，不可能全凭老总一个人将革命进行到底。什么叫先团队，后项目？通过笔者这五年来对中小微企业的调查发现，为什么很多企业项目规划挺好，到最后做得效果不好呢？很重要的一个原因，就是企业的运营团队实在是太弱了。为什么弱？很多企业老总花了很多时间在项目上、场地上、设备上和资金上，但花费在找人上面的时间，却少得可怜。

找人，是几乎所有创业公司都会遇到的难题。特别是寻找早期的核心人才，老总更是需要下大功夫。雷军认为一个创业者至少需要解决两点问题：人才在何处？如何说服其加入？他曾不止一次在公开

场合表示，自己在创业初期的80%时间都用来招人，小米成立后的前100名员工都是雷军亲自面试的。雷军说："我招进来的人，都是真正干活的人。"我们很多企业家却不这样，自己80%的时间去忙项目了，招聘人才的事情早就交给手下去做了。

正因为雷军在找人阶段的"清醒认知"，才有了之后的小米铁军。小米创立初期，规模小，甚至连产品都没有，如何组建极强的团队，如何获得对方的信任？在最开始的半年，雷军的做法其实挺"笨"的，就是列了一个很长的名单，然后一个个去谈。雷军有一个观点，要用最好的人，在核心人才上面，一定要不惜花时间去找。

小米创立初期，雷军找人的失败率很高，恨不得从早上谈到深夜，但愿意来的人寥寥无几，雷军每天都沉浸在失败的巨大煎熬中。很多创业者埋怨招不到人才，算算自己投入了多少精力？

乔布斯曾经说过："我过去常常认为一位出色的人才能顶两名平庸的员工，现在我认为能顶50名。我大约把1/4的时间用于招募人才。"

雷军在找人方面也秉承了乔布斯之道，雷军找人有以下两个要素：

（1）**找最专业的人——一个专业的人价值一个团队**。在成立小米之后，雷军在不同的领域找了7个合伙人，分别来自金山、谷歌、微软和摩托罗拉等。7个人各司其职，在成立一年多的时间里便打造出爆款产品 Mi1。小米也从此乘上了发展的快车，公司估值水涨船高，从起初的 2500 万美元一跃到 2.5 亿美元，估值是过去的 10 倍，而且前后只用了 6 个月的时间。

（2）找最合适的员工——要有创业精神。这里主要是指要有创业的心态，对所做的事情要极度喜欢，有共同的愿景，这样就会保持很强的驱动力。

企业没有人才名单怎么办？

创业初期，如果企业老总找人时没有人才名单怎么办？老总可以先问问自己，本企业最希望招到的人是哪个公司的，然后就去那个公司外面等着，看到人就拉近了聊，总能找到你想要的人。雷军就是这么干的，他在创业第 1 年花的喝咖啡的钱就过万元。企业老总还可以用一个"笨办法"，多向同行朋友请教"你认为那家公司的谁最棒"，"你认为这个行业里谁最棒"？问了一圈下来，你就有人才名单了。

怎么让团队铁了心地和你干！

在小米创业初期，全体员工都投了钱，占有了一部分股份。雷军认为将员工变为股东，员工的创业心态就会自我点燃，会真心实意为企业付出，因为这也是他的企业。每名员工都有了企业家意识，自然会将他们的激情投入工作中，责任心是不需要考核的。我国很多企业搞了一大堆管理制度或密密麻麻的 KPI（关键绩效指标）考核，结果呢！

企业的创业团队如何管理？

（1）**扁平化管理**。小米在组织架构上分为三级：7个核心创始人——部门——员工。除了7个创始人有职位外，其他人都没有职位，都是工程师，晋升的唯一奖励就是涨薪。小米不会让任何部门的团队太大，部门稍微大一点就拆分成小团队。限制为团队利益起争执，避免形成帮派，不希望团队考虑工作时掺杂太多杂念。小米的理念是，公司要和员工一起分享利益，而不是从团队分享利益。

（2）**利益透明分享**。在员工薪酬方面，小米尽量给员工充足的待遇，工资水平保持在同行平均水平中上；在公司期权上，每年小米做一些内部回购，支撑公司的估值上升空间，也支撑员工的信心。这样做可以使小米团队在高薪和期权上，产生安全感，极大地稳定了军心。

（3）**不设KPI**。和社会上很多公司不同，小米在内部不设KPI考核制度。雷军认为KPI考核带来的晋升制度，会让员工为了晋升做事情，只挑考核表上写的工作认真做，考核表上没写的，能不做就不做，做了反而觉得自己吃亏了，这些将导致工作价值观的扭曲。企业应该是为了用户去工作，而不是为了KPI工作。小米在公司内部强调"每个人都要对用户负责"。员工才能保持有相同的价值观，从而利于协同合作，提升效率。没有共同的价值观，大家只为绩效考核工作，这将引来内部恶性竞争，甚至一个公司搞成层层内斗。

企业如何留住重要的核心人才？

（1）打造利益共同体。有向心力的报酬并不等于一味高薪，雷军定了一套组合方案。任何人加入小米时可有以下三个选择机会：

第一，你可以选择和大公司一样的报酬。

第二，你可以选择2/3的报酬，然后拿一部分股票。

第三，你可以选择1/3的报酬，然后拿更多的股票。

实际情况是有10%的人选择了第一和第三种工资形式，有80%的人选择了第二种，因为他们持有股票，很愿意与小米一起奋斗。

（2）将培养人才落到实处。引进和培养相结合。社会上很多创业公司都清楚人才重要，所以很重视内部培训和提升，但是往往做不好。雷军觉得主要问题是，没有设置专项的培训费。没有费用预算，就无法请来好的导师讲高水平的课程。培训工作必须有专门的预算并由专人来负责。唯有如此，才能保证企业有绵绵不断的上升力。

（3）企业用人要懂得包容。多数老总在找到人才以后，都会遇到一个新问题，即企业追求的目标，总是比你现有的人才能力高。按照目标，很多人并不适合岗位。符合目标和岗位的人，往往你又请不起，只好将就凑合着用。面对这种情况，企业家最大的一个挑战就是如何学会宽容！企业家要容忍企业的人才存在能力不足，然后明确告诉他，企业需要什么样的人，再通过培训帮助他，使其胜任岗位。

让小马能够拉大车，雷军觉得核心就是宽容，要拿放大镜看他的优点。小马肯学习还不够，关键还得给他足够的培训和方向指导。

什么样的是企业真正的人才？

苹果公司的库克在一次接受采访时明确表明，苹果公司的员工并不都是高学历者。相反，苹果公司有50%的员工大学都没有毕业，他们有的只是让苹果公司看重的才华。苹果有一半员工没有大学文凭，这不是匪夷所思，是事实。众所周知，世界上许多著名的黑客公司里的大学毕业生通常不会超过一半，很多高手就是高中、初中学历，这些拿着高薪的高手凭得就是能力。

对企业来说，什么样的是人才？能干活、肯干活、会干活的就是人才。人才其实本无标准，标准都是人定的，企业的用人标准全面反映了企业对人才的认知。

郑州一家火锅店招聘数名服务员，招聘要求上公然写着只要985高校毕业生。这引发了很多985高校毕业生的不满，很多学子认为这是火锅店对他们的一种侮辱。一个堂堂的985才子，怎么会去一个火锅店做服务员？这恰恰是我国企业的用人误区，只单纯看重学历，直接忽视才华和能力。正如苹果公司老总库克所说的那样，苹果更加看重能力，学历只是参考，能力才是关键。现代企业需要改变的就是传统固化思维，不要简单地把学历文凭和能力等同起来。很多时候，一个人所具有的能力比他的学历更重要。

企业真正的人才，是那些有能力、一心一意和企业一起成长的人。

什么是能力？能力就是一个人解决具体问题的措施办法。有能力的人遇到问题从不回避，会像解决数学题目一样步步求解，直至找到答案。低能力者遇到困难会表现得像一个软柿子，束手无策；高能力者遇到困难会像打了鸡血，遇难则强，不解决不放手。企业老总在做项目之前，都不能回避一件事，就是问问自己的企业是否有最基本的核心团队。老总和团队在一起干了多久？有企业老总说3个月。那企业就先别急着把项目推向市场，企业老总先磨合好你的团队再说吧。再好的项目计划，最终还是要靠团队去执行。

中小微企业团队的 5 种死法

很多中小微企业千方百计弄到了一个很好的项目，最后没做起来，项目死了！为什么死了？

第一个原因：团队中做事的人没选对。 老王在小区开了一个肉店，生意特别火爆，整个小区的住户特别多，但只有他一个人在卖肉。老王的生意特别好，几年间赚了不少钱。有别的商家发现，这个小区卖肉生意太好了，所以也跑来开了肉店。很快，肉不好卖了，竞争开始了，各商家开始打价格战，送赠品，老王的生意就变得越来越不好做了。老王买卖不好，着急上火就生病了。正好他上大学的女儿放假，老王跟女儿说，肉店现在生意不好做，不行你去肉店帮帮忙吧。女儿去了没几天，老王家的生意立刻好了起来。小区里有很多年轻人，只在老王家买肉。很多时候，之所以企业的项目做得不太成功，跟项目本身没有任何关系。跟做这个项目的人有巨大关系，比如老王的生意，换个人卖就好了。

第二个原因：好团队，坏风气。有时候老总发现自己团队的人还算能干，但是团队的风气很坏。什么叫团队坏风气？举个例子，如果老总迷恋上"黄赌毒"中的一项，那坏风气就会从老总开始，企业团队就已经种下失败的种子。

研究发现，一个团队为什么没有战斗力？丧失团队战斗力始于坏风气。如果一个老总总让好人吃亏，那这个团队就不会有什么战斗力。什么叫让好人吃亏？好员工在公司都有一个特点，就是默默无闻，常被喻为老黄牛。但是老总身边往往会围绕一群拍马屁的小人。企业老总一定要火眼金睛，谁做得好，谁做得不好，老总的心中得有杆秤。如果一个企业的老总是让好人吃亏，好人会慢慢趋向于做小人，小人易得志。

若一个企业老总不学无术，企业的团队同样也不学无术，企业一定会被这个时代抛弃。另外，奖罚不明，如果企业的员工干得好却得不到奖励，干得不好也得不到惩罚，那这家企业就离关门不远了。如果一个企业的员工天天研究老总的喜好，不研究如何做事情，那就麻烦了。

第三个原因：同道，不同梦。今天很多的创业团队都是这样，同道不同梦。道虽好，心不同，两条心最终也拧不成一股绳。用老话讲叫"志相同，道不合"。企业做一件事情没有共同的价值观是走不长远的，即便有团队也不会有战斗力。一个企业可以研发出新产品，竞争对手也可以做到；你的企业产品降价，竞争对手也可以降价；企业找到有利可图的市场，竞争对手就会跟进。但是，对手在短时间内要复制一支高素质、高敬业度的人才队伍，那几乎是不可能的。企业要想干成一件千秋伟业的大事，必须培养价值观相同的人才，必须要有一个锅里同吃的团队。

第四个原因：团队虚弱，老总太强。有些企业老总喜欢事无巨细，喜欢追求自我，一看到下属做得不好，就揽过来自己干。很多企业老总的执行力越来越强，员工的执行力却越来越弱。一个虚弱的团队是没有办法干成大事的。老总太强但遇上的团队太弱，这种团队也是干不成大事的。很多企业团队虚弱，是因为团队缺乏互补型人才，要么这群人只会干销售，要么这群人只会做研发，要么这群人只会做生产。一个互补型团队，既要会研发，还要能生产，还要擅长销售，还要懂得管理，人才济济的团队在才能干成大事。

一个企业家要想干大事，身边必须具备这四类人：帅才、将才、谋才、干才。一个企业家要想做大事，身边必须具备这些人，缺一不可。现在企业家身边的干才很多，缺乏帅才和将才，更缺乏谋才。我国很多企业家这些年就是靠自己打拼，没有企业的智囊团。智囊团可以成为企业家另一个延伸的大脑，群策群力，汇智成流，总比企业家一个人考虑得周到。

第五个原因：没有人才扩张，企业便在等死。 多年企业研究发现，很多老总犯的一个致命错误在于，企业业务不扩大，人才不扩张，这是非常危险的。当企业的事业扩大时，首先应优先考虑人才扩张。企业老总应该把企业的核心高管、核心渠道商、核心团队的人送出去学习，或者把老师请进来直接授课。团队只要一直在学习，对企业一定会有帮助，学一点就会比不学的人高一点，厚积薄发。不学习，团队就不会有进步，团队不进步，企业谈何进步。

要想扩张业务，必须人才跟上，企业一定要追随这样的规律。很多企业老总天天讲，要做这个项目或是那个项目。问老总有信心吗？他说有！再问老总项目谁来干？老总一时无语了，谁干还没有想好，那不成了空想？所以找到干事情的人很重要。

雷军讲过一段话，他说互联网时代的创业，想成功要拥有以下三个条件。

第一个条件，找到足够大的市场。 这个市场足够大，并且没有天花板，小米第一步是做手机，因为手机是一个非常庞大的市场，全世界的人都要用手机。

第二个条件，找到一群靠谱的人。 光有庞大的市场还不够，还要找到一群靠谱的人。雷军说，他为了把小米做成功思考了3年，准备了3年，这3年花了大部分时间只做了一件事，找人。今天项目很好找，研发一款新产品也容易办到，找一套好模式也不是难事，但是项目能不能落地，产品最终能不能产生价值，最重要的还得靠人。雷军一开始创业找了7个人，再加上他一共8个人。过了一段时间他又找了6个人，一共14个人组建了小米的创业团队。这14个人是雷军花费3年时间找来的。雷军之前找到的7个核心人才，每个人都很独立，但价值观是一致的，都是特想干大事的人，这是小米盈利的核心所在。

第三个条件，找到一群给你钱的人。你的企业可以融到花不完的钱，你的企业就一定可以成功。

这就是互联网时代创业的三个重要条件。当下创业之初，拥有10个人就可以了，企业家要找到10个顶尖人物，给足了待遇，就没有干不成的事业。

企业要组建一支特种部队

传统企业做事业喜欢靠人海战术，互联网时代的作战方式，企业不能再靠人海战术。现代企业必须打造一支特种部队+精准打击，才有可能取得竞争的胜利。**企业如何组建一支特种部队？首先，要注重团队的价值组合。**有没有相互一致的价值观，有没有过往的交流？会不会遇到一点困难，团队就解散了，嚷嚷着不干了？**其次，要注重团队互补性。**成员互补吗，性格互补吗，能力互补吗，年龄互补吗？**最后，要注重团队的配合度。**企业的团队配合默契吗？团队的配合很重要，一个团队只能有一个老大，其他人都得配合他。团队配合不默契，都想拿主意说了算，就会产生离心力。很多团队成员很爱表现自己，老总在说建议，还没有说完，有人就站起来说，老总你说的不对。这就说明，企业团队的人不懂事，一个没有向心力的团队，如同一盘散沙。

有一家公司招商，现场来了一两百个代理商，公司总裁在台上讲未来规划，并说公司希望和代理商携手共进，一起大展宏图。之后公司的一位副总裁上台讲话："刚才我们老总讲，拿下了一个200亩产业园。我跟大家讲，这个事还只是个想法，还没有开始进行。规划中也没有200亩，最多170多亩。"这叫什么事！副总裁这一通发言，弄得总裁很尴尬，那场招商会签约率就很低，因为大家不知道这两个人，到底谁说的是实话，到底谁说了算。

做人当然要实在，做事也要讲究谋略，什么叫谋略？企业要适当放大你所做的事情，才能给别人带来利益与希望。我国的企业家很会做人，但是在做事情上缺少谋略，团队的默契配合非常重要。你看马云在刚创业和别人说未来的电子商务时，很多人就认为他就是一个典型的"大忽悠"。可是没有马云的"忽悠"和谋略，就没有阿里巴巴的今天。

企业必须要有三支团队

项目要想成功，企业必须有三支团队，如图所示。**第一支，运营**

团队。运营团队是负责产生经济效益的，要负责招商，要负责在终端售卖产品，企业需要一支强大的运营团队。**第二支，专业团队**。比如品牌推广，公司要想做品牌，至少招几个专业人士做品宣，这些都属于专业团队。比如品牌新媒体运作，企业要有自己的新媒体运营团队，没有怎么办？没有就外包。**第三支，外脑团队**。要有一支强大的外脑团队给企业及时出谋划策，让企业掌握最前沿的资讯，让企业掌握最先进的知识，让企业知道行业里的头部公司在做什么，腰部公司在做什么。

企业这三支团队一旦形成合力，会对企业发展产生至关重要的推力。

企业团队建设四步

构建和打造企业团队非常重要，团队建设可分四步如图所示。

团队建设四步

团队建设第一步，选对人。企业"选对人"这三个字中，哪个字最重要？答案是"对"字最重要。选错人，会给企业带来巨大灾难与巨大损失。什么样的人才是企业"对"的人？德才兼备的人，才是企业对的人。一个人既要有德，又要有才，这样才是对的人。

一个人有没有德，由以下三个维度构成。

德的维度一：价值观，企业找到的人的价值观要与企业的价值观以及老总的价值观契合。如果价值观不同，大家可以同道，但是不能同梦，不会形成共振合力。怎么知道价值观是否一致？价值观是可以测试的，比如通过深度聊天，就可以聊出一个人的价值观。

小米当初想找一位硬件负责人，倒是有一个理想人选。为了请动这位人才，雷军一个星期跟他谈5次，每次平均谈10小时，前后谈了3个月，一共谈了十七八次。最后一刻，这个人说他对于股份"无所谓"。雷军失望了，发现他没有创业精神，和小米的价值观不一致，不是自己想要的人，只好放弃了。再比如，企业想招聘一个非常厉害的销售总监。老总就可以跟他聊天，问他根据过去的经验，一个销售团队要出业绩，是靠个人的力量，还是靠团队的力量？如果他说靠个人的力量，那他就是一个典型的个人英雄主义，没有团队的概念。如果你企业的文化是强调团队，那这个人跟企业的价值观肯定不太相符。除非这个人的价值观能够被转变，方才可合作。实践证明，年龄越大的人，之前越是职位高的人，进入企业后，想改变他的价值观，越是不可能。

德的维度二：人品。一个人要具备基本的人品，要有担当，有担当的人才有责任心，才会有爱心，一个真正的人才应该是有爱心的。

德的维度三：意愿度。企业老总很容易忽略一个人的意愿度。所谓意愿度，就是一个人干这件事情的决心和信心。工作意愿度非常重要。曾经有一家山东企业的老总把一位销售经理找来，说企业现在要开拓新疆市场，企业管理层商议后觉得你比较合适，派你到新疆去。这位销售经理说自己不想去新疆，就想在山东。老总说，这是给你一个机会，回来后可成为企业的股东。这位销售经理勉强去了，结果到了新疆始终干不出业绩。因为销售经理内心深处去新疆的意愿度太低。遇到困难时总是怀着抱怨的心态，总觉得自己不该来，业绩可想而知。工作意愿度太重要了！意愿度大于能力，如果一个人有能力，但没有做这件事的意愿度，那他的能力是不会发挥出任何作用的。

企业一定要选对人才。一个人有没有才，可参考以下三个方面。

第一个方面，看经验。经验很重要，比如，有一家企业要招一个财务总监，人力资源负责人推荐了一个简历，从简历上看这个人不错，就聘用了，但这个人到企业干了3个月就离开了。为什么呢？因为他的简历上只写了他的经历。一个人的经历不等于他的经验，他虽然曾担任过财务总监这个职位，但并不代表他具备新来这家企业所要求的经验。他在原先企业是财务总监，但那家企业连财务总监算上，总共只有3个人。而这家企业的财务部有20多个财务人员。财务总监必须有极强的业务能力，同时还要具备带领团队的能力。由于这个财务总监没有带团队的经验，结果来到这家企业后无法胜任。招聘一个能干的人才，不光要看他的经历，更要看他的经验。

第二个方面，看策略与方法。一个人要想胜任岗位，得看他是否具备这个岗位的策略与方法。不能光听他喊口号，干事一定要有策略与方法。有很多财务人员只会背诵条例，不懂变通，造成企业财务成本居高不下。

第三个方面，看知识。要看一个人是否胜任岗位，最快速的检验方法就是看他是否具备最基本的知识，如果基本知识不扎实，他在这个岗位上是做不好的。在未来，要想赚钱，猛打误撞的土豪时代已经过去了。在未来，一定是知识储备多、经验丰富、做事有策略的人，才能为企业赚到更多的钱。

团队建设第二步，定核心。要清晰地告诉这个团队里的人，谁是团队的一把手。中国人是不能够没有核心的，必须要有核心，必须要有一把手。

团队建设第三步，塑文化。一个团队要有文化，什么叫文化？所谓文化，就是企业这群人为什么要聚集在一起，大家的愿景、使命、价值观是什么，一个公司没有文化就没有凝聚力，就会是一盘散沙。

团队建设第四步，建机制。一个团队要有两个重要的机制，第一个叫沟通机制，第二个叫决策机制。一群人在一起怎么开会，怎么决策，怎么沟通，都得有相应的机制。有机制才会有效率，有效率自然容易出结果。

这是一个企业构建与打造团队的四步曲：选对人、定核心、塑文化、建机制。团队不等于招来一群人做个简单分工，是要形成 1+1>2 的合力。

传统思维下企业家做企业，是按"找项目，租场地，买硬件"这一个逻辑去运作，但在今天这个高速发展的时代，企业家做企业必须要反向规划。反向规划就是"先建班子带队伍，再定战略"，之后才是做项目执行。今天的企业，要想实现宏伟蓝图，就得先建班子，拥有一支过硬的队伍，然后制定一个 3~5 年的发展规划，这是当下成功企业的前进路径。企业家要清楚地看见，这个时代和过去完全不一样了。做项目，一定要先找到一支团队，哪怕最初团队只有两三个人都行，千万不要一个人单枪匹马去干。更不要租了场地，做了产品，再去找人。在这竞争异常惨烈的今天，做企业没有团队，实难成功。企业一定要汇聚一批高能量的人才一起发展！

这就是反向盈利规划 5：先团队，后项目。

六、反向盈利规划6：先现金，后利润

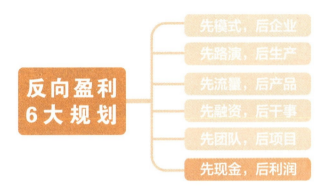

——所有企业倒闭都是因为没有现金流！

在我国企业走过的20年中，企业家们开会研究最多的事就是利润。今天的互联网时代，企业账面上的利润已经变得不那么重要了，和应收款相比，现金才是最重要的。从现在起，我国的企业家一定要有现金流的概念，企业有现金流就能做很多事情。

企业应坚守水库式经营理念

松下幸之助是日本非常著名的企业家，他曾经开创了一种企业经营方式，叫水库式经营。松下幸之助这样讲："景气的时候，你要为不景气时做准备，要保持一定的后备力量。"这就是为什么有的企业可以存活百年，因为当大家面临困难的时候，有资金储备力量的企业是不会关门的。日本的企业都坚守水库式经营。**所谓水库式经营，就是始终保持专有资金，在遇到困难时，至少有3年的蓄水量。**当遇上

整个外部经济环境不好时，有 3 年企业会没有生意做，企业可以养活着这些员工，让他们生活衣食无忧。只要你挺过来 3 年，3 年后经济一定会有好转。这就是日本人办企业时强烈的危机意识和保持现金流的经营方式。再看我国企业家，只要有点钱，不是忙着把销售渠道扩大，就是把钱花在建厂房、买地、买设备上，总之很少去把现金流扩大，更不会去储备危机应急资金。

当松下幸之助发表水库式经营理念时，深深影响了一个日本人，这个人就是稻盛和夫。那个时候的稻盛和夫非常年轻，还不懂什么是水库式经营。他在书里面写道：当时听到水库式经营时，浑身有一种震动的感觉。原来企业活的长久必须要建立"水库"，要往里放水，要"水库"里面保持一定的蓄水量，当外面遇到困难时这个水库可以救你命。稻盛和夫从那个时候起，就接受了这种水库式经营理念，也叫现金流经营模式。之后，稻盛和夫在松下幸之助的水库式经营理念之上，独创了水库式经营的四大策略，助力自己的企业长盛不衰。稻盛和夫在 27 岁时创办了京都陶瓷株式会社（现名京瓷 Kyocera），52 岁时创办第二电信（原名 DDI，现名 KDDI），这两家企业都在他的有生之年进入了世界 500 强。一个人创建两家世界 500 强公司，确实全球仅有他一人。

2013 年，我国有一位导师去日本见到了稻盛和夫，跟他坐在一起聊了两个多小时。这名导师说，和稻盛和夫在一起会发现，他的能量场和一般人截然不同，和他坐在一起时，感觉时间是静止的，你的内心世界马上会安静下来，这就叫定力。当一个人内心安定的时候，就会发现原来一切智慧都可以升华。这名导师能全身心感受到，稻盛和夫的气场确实不一般，他是一个具有能量辐射的人。

稻盛和夫水库式经营的四大策略

第一，定价即经营。 稻盛和夫说的"定价即经营"，是指商品的价格是"水库"的来源之一，如果产品价格定得低，产品的销量又上不去，那就会影响企业的现金流。定价是企业在经营过程当中非常重要的一种策略，稻盛和夫讲了一句话："定价就是经营的全部。"企业的经营能不能弄好，跟企业的产品定价有极大关系。

第二，全员销售。 稻盛和夫说，当一个企业遇到困难时，全员都要想办法把产品卖出去，是全员想办法，不是仅靠企业管理者想办法。

第三，减少应收账款。 企业必须开展以现金为基础的经营策略，减少应收账款。我经常讲一个案例：身价十亿的老总不一定比村里卖豆腐的商贩晚上睡觉睡得香，为什么？很多身价十亿的老总在外面有一堆应收账款，卖豆腐的商贩天天收现金！当然这个案例可能在某些维度没有可比性，这个案例给我们企业家的重要启发是：做有现金流的生意才是王道，才能有经营企业的幸福感，更重要的是减少企业潜在死亡的风险。

减少应收账款有三大方法：第一，绝不以提升销售额而赊销为导向经营企业，一定要以现金盈利去重新构建业务体系，这需要企业家必须革新经营思维；第二，通过增值服务提高付款比例；第三，挖掘第三方收入方法，通过第三方收入增强现金流。

第四，开展阿米巴经营。阿米巴也称全员参与经营。"阿米巴"（Amoeba）在拉丁语中是单个原生体的意思，也叫"变形虫"。阿米巴经营就是以各个阿米巴的领导为核心，实行部门独立核算管理，让阿米巴自行制定各自的计划，并依靠全体成员的智慧和努力来完成目标。通过这样一种做法，让第一线的每一位员工都能成为主角，主动参与经营，进而实现"全员参与经营"。在阿米巴的经营方式下，企业组织可以随着外部环境的变化，而不断"变形"，逐步把企业调整到最佳状态，成为能适应市场变化的灵活组织。

依靠稻盛和夫水库式经营的四大策略，京瓷公司经历了4次全球性经济危机屹立不倒，并且还得到了持续发展。特别是在经济危机时，通过全员参与经营激发了每个人的活力，降低了企业的经营成本。这得益于稻盛和夫每年要从利润当中拿出一定比例的现金，放到"水库"进行蓄水，始终保持在安全水平。稻盛和夫说，我企业的蓄水安全标准，是保证在不经营的情况下能存活5年。这就是日本企业长寿的秘诀！

我国企业家把太多的钱投入到固定资产上了。今天这个时代，不应再痴迷于固定资产，应该要现金在手，要资本运营。企业家不要觉得企业之前10年没问题，企业今后10年就都没问题。真遇到问题时，企业手里没钱，什么问题都来了。

做一件事存在隐患，最后隐患一定会出来。按照墨菲定律：你越害怕什么事情会发生，那么这个事情很大程度上就会发生。而且所有困难的事都会比你预计的时间长，任何事都没有表面看起来那么简单。企业家内心担忧的事情一定会发生，只是在什么时间发生。正如一句中国老话所讲：怕什么，就来什么。

我国企业家应该清楚地知道，企业账上的利润不是钱，手里的现金才是钱。为什么这些年很多企业家被纳入黑名单？很多资产几千万元的企业家被纳入黑名单后，不能坐飞机，不能坐高铁，不许高消费，就是因为他没有现金。有房子也没用，想卖一时都卖不出去，房子变现能力太弱。企业应该将足够的钱存在银行！有人说钱会贬值，钱贬值怕什么，遇到事钱能救企业的命。是贬值重要，还是活命重要？一个资产几千万元的企业，平时最起码有两三百万元现金在手里，遇到什么困难可以马上拿出来渡过难关。过去的我国企业老总都是靠胆大赚钱，现在这个时代不是胆大就能赚钱了。我国企业家要有谋略，要有智慧，手中要有真金白银，才能活在当下这个时代。

企业的现金流从哪里来？

企业开启源源不断的现金流需要三个方法。

第一个方法，老总必须拥有金融思维，才能拥有更多的现金。

测试一下你是否具备金融思维。

A：给你500万元，你可以马上拿走。

B：抽一大奖，有50%概率中1亿元，有50%的概率什么也得不到。

问：你会选哪一个？

仔细思考后，你会发现，不管是选A还是选B，你都会掉进陷阱。

真正具备金融思维的人，是把B方案卖给A，先获取500万元，然后再讲条件。如果中了1亿元，分给我500万元，不中咱俩就这样子，这才是具备金融思维的人干的事。金融思维的本质是对现金流的运作，对于一个有金融思维的人来讲，他根本没有把500万元放在眼里，他想用500万元博回5000万元、10亿元，这就是为什么投资人愿意投1亿元给你，如果赌对了，可以用1亿元赚回10亿元。

所以，金融思维解决的是资源配置问题。当一个老总具备了金融思维后，就知道资源是怎么配置的，通过资源配置能够产生更多的价值。这就是为什么不论是证券还是保险业务，都会做资产配置，资产配置就是典型的金融思维。金融思维强调的是合作共赢，比如通过结盟发展，彼此才能够分享更大的蛋糕。今后办企业，企业家应该告别单干，结盟发展，让资源共融，让利益共享，要相互赋能，要共建生态。

一个拥有金融思维的企业老总，要有甘当老二的心态，这样才能跟人合作。企业老总要乐于当各行各业的合伙人，资源才会向你倾斜，机会才会无限裂变。但很多人往往就是做不到，走到哪里都想当老大。

是否拥有金融思维，对企业的认知是完全不一样的。拥有金融思维的老总对企业的认知是：企业就是一台印钞机。缺少金融思维的老总对企业的认知是：企业就是一台台设备。企业要通过产品这个媒介，合法挣到源源不断的钱。

第二个方法，打造三大银行。老总如果想让自己的企业源源不断地开启现金流，就要去打造企业自己的银行。**打造人脉银行**；帮助顾客把他背后的资源开发出来，让人脉变成钱脉。老总有一个重要的银行是人脉银行，必须要盘活你身边的人脉，这点非常重要，老总如果有资源不用，那么资源就是死的，资源只有用了才是活的。**打造项目银行**；把企业的项目进行策划打磨，从而让它能够融资和招商，要把企业的项目变成银行。**打造数字银行**；把未来的钱和社会上的钱提前使用，针对未来的时代，去深度考虑你怎么变现。总之，任何一个企业，首先要有人脉银行、项目银行、数字银行这三大银行，它们是企业金融链最重要的组成部分。

第三个方法，加入外力组织。要想开启源源不断的现金流，可以加入一种外力组织，找到一个能让企业现金流由干枯变得充实的外力组织。比如，某组织推出企业财富计划。加入该计划可以快速帮企业招商融资，开启源不断的现金流。像这样有组织有计划的，企业可以投身其中，把握机会，借桥上路。

"企业卖一个产品未必能够活下去，企业只有拥有现金流，才能真真正正活下去"。如果企业卖出的产品，外面有一大堆应收账款，那对企业来讲没有任何价值。关于企业现金流的问题，应该引起每一个老总的高度重视。现金流是战略，利润率是战术。把对现金流的认知上升到战略高度，企业具体实施现金流战略时，记得可寻求借助外力组织，这样会节省大量时间成本。

利润率是总经理的事，现金流是董事长的事。董事长必须抓现金流，开会时要问团队：9月份现金流在哪里？10月份现金流在哪里？企业家要持续不断地关注现金流。有现金流企业就能活下去，能活下去的企业就能做很多事情，活着比什么都重要。华为的任正非讲过这么一句话："华为的唯一战略就是活下去。"华为所有战略规划都围绕着"活下去"这三个字。活下去的核心是什么？就是你企业拥有现金流！

今天这个时代竞争太残酷了，企业好不容易摸爬十几年，登上了高山，一不小心做个新项目，却因现金流不够，结果十年来的积累通通归零，只能从头再来。我国90%的老总根本没有能力从头再来，很多老总倒下去就起不来了，还欠了一身债，商战是很残酷的。

市场也同样是残酷的，竞争对手是强悍的，利润率是干出来的，现金流是设计出来的。要想获取现金流，企业家可以自己设计，也可以加入组织，从头学习融资，学习招商，学习销讲，这些行动一旦落实，就可以开启出企业源源不断的现金流。

先现金，后利润。拥有反向思维的企业家，都是先考虑现金流从哪里来？所以今天的企业要先去打磨项目，去路演，去招商，去融资。

这和传统思维企业家的思维模式是截然不同的。今后只要企业考虑利润率,就一定要考虑收入,一定要考虑成本。只要企业考虑收入和成本,就应该先考虑招商和融资。企业家不要总想着等攒够了钱,再去干大事,今天的企业家应该这样想:要干大事,应该先有钱。

以上就是反向盈利规划6:先现金,后利润。

总结一下,反向盈利这6大规划。

规划1:先模式,后企业。

规划2:先路演,后生产。

规划3:先流量,后产品。

规划4:先融资,后干事。

规划5:先团队,后项目。

规划6:先现金,后利润。

反向盈利6大规划是企业的顶层设计,也是战略布局。未来企业家进军新商业时代时,要熟用这6大规划来引领你的企业。

第四部分：
反向盈利的 9 大模式

一、产品盈利模式操作点"高颜值 + 高品质 + 高性价比"/ 156

二、渠道盈利模式操作点"人人都是渠道"/ 167

三、资源盈利模式操作点"融合 + 垄断"/ 175

四、场景盈利模式操作点"人物互动 + 价值感知 + 极致体验"/ 177

五、服务盈利模式操作点"产品深度 + 人的价值 + 互联网技术"/ 181

六、社交盈利模式操作点"信用货币 + 圈层消费 + 情感关怀"/ 186

七、金融盈利模式操作点"杠杆原理 + 投资属性"/ 188

八、生态盈利模式操作点"粉丝经济 + 价值赋能"/ 195

九、品牌盈利模式操作点"价值定位 + 共情文化"/ 196

反向盈利在实战应用中有 9 大模式：产品盈利模式、渠道盈利模式、资源盈利模式、场景盈利模式、服务盈利模式、社交盈利模式、金融盈利模式、生态盈利模式、品牌盈利模式。

一、产品盈利模式　　操作点"高颜值+高品质+高性价比"

所谓产品盈利就是通过卖产品赚钱。今天，各行各业都有自己的产品，产品是实现企业跟用户价值交换的重要载体。

产品有两种，一种是有形产品，一种是无形产品。 你卖的烧鸡，卖的车贴膜，卖的茶叶，这些都叫有形产品。比如教育课程、保险、金融理财、企业债券则叫无形产品，这种产品更多的是一种有价值的服务。有形产品好卖还是无形产品好卖？当然是有形产品更好卖！因为有形产品看得见、摸得着。就像买杯子一样，不选这个颜色，还有另外的颜色可选。从传统商业角度来看，有形产品比无形产品更好卖。在新商业时代，竞争是空前的激烈，要想通过产品赚更多的钱，也要学会售卖无形产品。今后，企业更多遇到的是有形产品和无形产品叠加在一起卖，比如企业卖电视机的同时会去做深度服务，卖 VIP 会员，会员可以享受一系列的节目服务，比如免广告服务。

电视机是有形产品,服务是无形产品。为了提升产品销量,传统型产品需要不断改造、升级,企业应及时对产品进行改造。

新商业时代如何改造产品?

许多企业家都在分析,现在产品不好卖的原因何在。笔者根据五年的企业调查发现,国内很多企业、很多企业家,对于产品的理解还停留在 20 世纪七八十年代的水平上。一遇到经济形势不好、市场竞争激烈时,产品就会陷入销售不畅的困境。究其根源,不是产品功能问题,不是产品质量问题,而是产品本身不具有吸引力。在新商业时代,企业应如何改造自己的产品,才能产生顾客源源不断的购买行为?从根本上说,商业问题的解决,最终都要回归到商业轨道上思考,要回归到产品本身上。用户会不会来购买,客户有没有回流复购,最终都是由产品决定的。产品是一家企业跟客户发生利益关系的立足点,千万不要觉得有个产品就行,会忽悠就行。产品真的很重要!没有产品怎么实现价值交换?企业的产品很烂,忽悠水平很高,最多忽悠两年,企业也就干不下去了。要想长久经营,企业就要持续不断地进行产品研发,还必须把产品做到极致,必须让别人看到你企业的产品后,发出一种声音:"哇!"

我们来看看,过去传统企业产品是怎么赚钱的。**传统企业产品的盈利路径是这样的:产品—市场—顾客。**企业先把产品生产出来,再通过企业代理商渠道推向市场。代理商说卖给谁就卖给谁,之后再开始找顾客,这就是过去传统企业的赚钱模式。在产品短缺的时代,企业这样做是没有问题的,但在产品严重过剩的当下,产品变革速度会越来越快。今天,一个企业好不容易手里有一款畅销产品;明天,竞争对手就有了新的技术、新的研发,新的工艺,就会迫使你加快产品更新迭代的速度。

这种情况下,如果企业还是按照传统套路,先做产品再打市场,那企业是几乎赚不到钱的。很多企业家认为,销售不好是产品种类不够,于是就开始不断增加产品种类。但结果是企业的产品种类越来越多,反而越发赚不到钱。因为每一款产品的研发都是有成本的,库存也是有成本的。过去很多企业家总认为是产品的种类不够,影响了赚钱。事实上,多数赚钱的企业家靠的是产品销售数量赚钱,而不是靠产品种类。

一套全新的产品盈利系统

过去企业盈利,正如上面说的那样,企业会生产出一大堆各类产品。未来,企业必须要走反向盈利之路。传统正向盈利是先研发产品 — 推向市场 — 再找顾客。企业反向盈利是企业研发的每一款产品,都要做到"一个精准,三处高值,四个角色",要有一套全新的产品盈利系统。

全新产品盈利系统要点一:一个精准。

反向盈利的精准是指人群精准,今后企业推向市场的新产品,必须要先有精准人群。**什么叫精准人群?就是产品还没有生产时,在规划产品的阶段就已知这款产品要卖给谁。**如果知道了企业的精准人群,企业就只需要研究如何让这类人群更喜欢这款产品。

未来企业研究的每一款产品，都要预先知道是卖给谁的，是哪一类人群，要先去研究这类人群。这类人群有什么样的特点，有什么样的痛点，再根据他们的痛点来研发产品，如产品名称怎么起，外形怎么设计，用什么颜色，怎么包装，一个盒里到底放置几个等。

国内有一款产品叫正皓茶。产品销售定位是主打礼品商务茶市场，是中高端人士爱买的茶。正皓茶开始研究国人送礼的习性和文化，研究如何凸显出正皓茶作为礼品茶的价值感。

当初正皓茶招商经理到山东做调研，他觉得正皓茶特别适合送礼，颜色和包装很大气，正皓茶的主色调都是中国红，因为中国人送礼都是选择红色，尤其是过中秋节和春节的时候。中国人送礼要是拎着一个黑乎乎的礼盒总感觉不太对劲，在中国人的认知当中，送礼还是要用红色，代表着喜庆。正皓茶就觉得自己的包装很靓，颜色很讨喜，但礼盒里只放了一个茶叶罐。可是山东人送礼不能送一个，送双不送单。要么一个礼盒里装两个茶叶罐，要么顾客再买一个，但又超出预算了。正确的做法是，一个盒子里装两个，这是送礼和自用的重大区别。当企业研究了产品的精准人群的消费习惯后，才会知道该怎么做产品。今天很多的企业都做反了，总是想着我认为应该这样。你认为这样没有用，买你产品的那类人，他们怎么想才是最重要的。

一个企业做项目打磨时，首当其冲要从产品开始。产品不过关，就必须要改变产品，否则是很难发挥产品的价值。企业必须从商业的本质上考虑问题，从顾客购买行为上考虑问题。

当企业找到精准人群了，反过来再做产品，让产品更好地为这类人服务，这才叫精准匹配。未来商业时代必须这样去做，要知道从哪里开始，再从哪里回来，形成闭环思维。经营中的闭环思维太重要了，未来企业的产品一定是为精准人群量身定制的。今天，如果一个企业做出来一款产品，根本不知道卖给谁，那基本就失败了。反向盈利思维，最适合的是做门店生意的老板，还有新零售企业、直销企业、微商企业的老总，以及想转型的传统制造业老总。企业一旦具备反向盈利思维，就可令产品的销售产生脱胎换骨的效果。

全新产品盈利系统要点二：三处高值。

第一个叫高颜值。产品长得好看，非常重要。未来产品，不论是产品本身的造型设计，还是包装设计，都必须要高颜值。必须在材料上、工艺上、字体设计上、使用体验上，下真功夫。必须让顾客拿到你的产品后有一种"哇！"的感觉。企业的产品颜值高，本身就是一种竞争力。我国企业必须要让产品长得好看，必须要让产品的包装上档次，必须要把店里面弄得干干净净。建议企业家多去研究小米产品为什么卖得好，小米产品首先就是高颜值！

第二个叫高品质。品质一定要做得好，要从产品的品位、品格、品牌上把品质呈现出来，要和竞品完全不一样。正皓茶经过产品打磨，如今从包装到产品的品质，提升了很大的高度。2018年在广州茶博会上，正皓茶产品一亮相，就在现场引起很大轰动，尤其是正皓杯装茶，已经成为正皓茶的爆款产品。正皓杯装茶和袋装茶完全不一样，市面上的袋装茶基本上用的都是碎茶叶，而正皓杯装茶完全是用高品质的茶叶做出来的。这表明，正皓杯装茶是凭着良心在做，做有档次的招待茶。

第三，高性价比。如今市场上最好卖的产品都是品质做得很好，价格还不算贵的商品。不算贵代表的不是最便宜，而是指有很高的性价比。**所谓高性价比，就是让别人消费你的产品时感觉物有所值，性价合一**。并不是价格越卖越低，那样的话就违反了反向盈利的宗旨。一个不赚钱的企业是不道德的，不能把高性价比理解为价格越卖越低，一定是要让消费者觉得有所值才对。当一个人花2万元买了一个LV的包，他背这个包时感觉很值，这就是性价比。为了提升性价比，正皓茶不仅提供畅销成品，还可以量身定制，把产品新需求的性价比权利交给顾客，让其参与到产品价值的提升中。

全新产品盈利系统要点三：四个角色。

四个角色，也称产品四象管理，未来企业必须把产品分成四个角色。今天很多企业生产了一堆产品，企业家希望每一款产品都能赚钱，但销售时却很难实现。在未来，产品想要盈利，企业就需要把一堆产品分成四个角色来管理。

企业必须知道，在100多款产品当中，哪几款产品是用来引流的；哪几款产品是用来赚钱的；哪几款产品是战略型产品；哪几款产品是高端展示产品。今后企业研发每一款产品时，都要把产品放在这四个角色里来思考。彻底弄清楚，企业的新产品是用来引流的，还是用来赚钱的；

是战略产品，还是高端产品。

第一个角色，引流产品。什么叫引流产品？所谓引流产品就是能够引来大量客户，购买率最高的那个。用来引流的产品，应具有高性价比，能快速让流量导入进来。就像外婆家饭店的麻婆豆腐、土豆丝，就是饭店的引流产品。外婆家的麻婆豆腐3元一盘，蓝莓山药3元一盘，土豆丝3元一盘，比别家饭店便宜多了，所以引来顾客满堂。没有食客只点土豆丝，一定会点其他菜和酒水饮料，其他的菜品和酒水就都是正常价了。

第二个角色，赚钱产品。什么样的产品是用来赚钱的？当然是最有利润的产品。比如你去饭店就餐，服务员给你推荐的特色菜，就是他们家利润型产品。再比如，苹果手机利润最高的就是最新机型，利润极其丰厚。国内很多家用电器的最新款产品，通常利润都会很高，很多顾客只要一听是最新款，往往愿意多付钱购买。

第三个角色，战略产品。什么叫战略产品？就是处在培育辅导期，未来三年，有可能代替某一款引流产品，或某一款赚钱产品。战略产品是企业为将来市场研发的，而不是为目前市场研发的。比如很多手机厂商，在3G手机热卖时就会布局研发4G产品；在4G手机热卖时就会布局研发5G产品；同理，在5G产品热卖时一定会去研发6G手机。这种提前一代的手机就是典型的战略产品。

第四个角色，高端产品。什么叫高端产品？就是用来展示高端形象的产品。当你走在LV店里面，看见一款十几万元的包在展示，你会觉得很好看，但是LV的店员就说了，这款产品不是用来卖的，只是样品。遇到任性有钱的顾客非要买，那就直接天价出手。高端形象产品就是用来展示高端形象的。很多奔驰4S店都会有一款两三百万元的车放在店里，这款酷车就不是用来卖的，是用来显示奔驰车高端形象的。

今后，企业要想做畅销品牌，都要把产品按照以上这四个角色来设定。

未来体验极致的产品最好卖

未来企业销售任何产品，给予用户的体验一定要极致。如果一个产品体验不极致，那这家企业就没前途了。**什么叫体验极致？对用户而言，产品有品质、使用易操作，就是产品体验。**不要让顾客点了一道菜，看了半天不知道怎么吃，那顾客下次就不爱点了。比如杯装茶未来会很流行，是因为它简单、方便、易操作，环保还卫生，这符合未来消费趋势。国内有一家企业生产了一种醒脑油，功能效果特别好，但是厂家忽视了年轻人喜欢产品简单、方便、易操作的需求特点。有顾客问销售员："你家的醒脑油，每次使用，倒多少合适？"销售员说："一点就可以了。"再问："一点是多少？"销售员说："你倒就行了。"顾客就晕了！不如直接说倒一小瓶盖就行。顾客问："倒出来的醒脑油要涂抹多久？"销售员说："涂一会儿就行。"这里销售员应该精准地告诉顾客：涂抹5分钟即可。所以，企业一定要让产品简单、方便、易操作。否则，产品功能再好，顾客也不爱用，毕竟现在市场上可替代的产品太多了。一个企业，当产品功能和技术没有问题了，一定要研究如何让产品使用起来简单、方便、易操作。顾客的产品体验越好，就越愿意购买。为什么苹果的电子产品卖得那么好，两三岁的小孩子捣鼓几分钟就能把 iPad 弄明白了？国内 10 年前生产的电视机，其遥控器到现在都让人不明白，为什么要设计那么多按钮，很多按钮人们从来都没有按过，因为不知道按了以后会发生什么不测。小米的电视遥控器只有 11 个按钮，未来如果只留三五个那就更好了。厂家应该时刻牢记消费者喜欢好看、好吃、好玩、好喝、好用的商品。7 年前，有一个在北京的创业者，做了一款煎饼，并且他很会炒作，拉一堆自媒体人给自己写营销文章，还开着法拉利给顾客送煎饼，当时赚足了眼球，到最后却没有做起来。为什么？因为食客们都说煎饼不好吃。做得不好吃，再会炒作也没用，炒作是一时，好吃才是一世，不能脱离商业的本质。好比一辆电动车再好看，经常熄火，谁敢买，所以产品的体验要极致。

消费者愿意为哪些产品买单？

未来消费者愿意为技术买单。未来拥有技术的产品将会非常受欢迎。产品的技术要么让消费者提升了效率，要么让消费者提升了体验感。小米产品之所以受欢迎是因为有技术含量，且操作简单易行，所以用户乐意为小米的新技术买单。小米手环就是采用一种新技术，让用户感受到别样的体验，成为时尚产品。假如你的企业是卖功能贴的，功能贴比拼的就是技术含量，改善皮肤效果越快，拥有的技术含量就越高。如果是几家护肤品竞争，消费者会首选有技术含量的那款，即使贵点也愿意掏钱，因为消费者通常认为有技术含量的功能贴效果会好些。

未来人们愿意为设计买单。高颜值就是生产力，未来企业生产的产品如果设计感不够,视觉上不顺眼,那就很难形成畅销产品。企业找到很牛的设计团队合作太重要了,设计团队的水平跟不上产品迭代就要替换。很多企业的品牌已经升级了,设计团队还没有升级,新产品的价值感设计不出来,这会砸了牌子。企业家要注意,当你的企业发展到一定程度,一定要关注企业的设计团队,看他们是否有办法为品牌继续服务。很多人喜欢喝江小白,江小白2018年的销售额是十几亿元。江小白根本不是卖白酒的,江小白就是卖文案的。很多人购买江小白,看中的是江小白的文案、图案、情调和文化气息。江小白非常注重视觉,非常注重文案,非常注重设计。

未来人们愿意为服务买单。如果企业能够通过服务创造深度的价值,那人们愿意为这个服务买单。什么叫为服务买单?买过奔驰车的人都知道,买一辆高档奔驰车,前3年智能软件系统都是免费使用的,但是3年以后每辆车都需多交2000元,才能使用奔驰车的智能系统。99%的人都会交,如果不交是接收不到车的状况的,这就是深度服务。今天会赚钱的企业在营销上都是软硬结合。比如,企业是一家卖激光设备的,不是把激光设备卖给客户就完事了,还会为客户提供深度服务,卖完设备后会提供5年跟踪服务,既可延长企业的服务链,同时也会大大促进持续销售。

未来人们愿意为体验买单。如果企业创造了一个消费场景,这个场景在感受时非常棒,用户就会愿意为这个体验买单。举例,海底捞就是一家靠深度体验服务赚钱的企业。给食客擦皮鞋,给食客送吃喝,见到长头发的女士送一个发夹,就餐时送你一个装手机的护套,给戴眼镜的食客送一块眼镜布。通过各种免费的服务，令顾客感动得唏哩哗啦的，心想下次还要来。吃火锅的功能是什么？填饱肚子。填饱肚子吃海底捞和吃别的火锅有区别吗？为什么海底捞生意好？因为服务体验好，让吃货有上帝的感觉。

未来人们愿意为非标买单。产品分两种，一种叫标准产品，一种叫非标产品。那些特色手工制品、定制化的特色产品等非标产品未来将会非常受欢迎。非标产品意味着产品数量少，价值含量高。

未来企业要想用产品赚钱，就要从以上五类价值入手。这五类价值，是笔者历经五六年时间给很多项目打磨总结出来的，也是通过深度总结发现的，更是很多企业产品畅销的关键所在。

抓住消费者痛点的产品易畅销

今天的人变得越来越懒，人在变懒这是一种社会的进化，如果人不变懒怎么会有美团外卖呢，人不变懒怎么会有方便面呢，人不变懒怎么会有BB霜呢？今天的人变得越来越懒，所以才有了懒人经济。当人变得越来越懒时，企业的产品应随之变得简单、方便、易操作，千万不可弄得很复杂。企业的产品功能哪怕再好，使用只要一复杂就容易滞销。

看一个燕窝案例。燕窝一般售价为一盒一两百元，今天市场上人们愿意为何种燕窝买单，是碗燕。碗燕是燕之屋近5年来最畅销的产品，也是最赚钱的产品。燕之屋开发的碗燕非常简单实用，碗燕的对象只针对一类人——生完宝宝的宝妈。吃这款产品只有一个功能，奶水下得快，奶水质量高。碗燕目前的售价是500元一碗，打开后30秒喝光了。不要怕东西贵，如果告诉宝妈，买了燕窝以后回去要拔毛，拔完毛还要熬1个小时，算了，别说熬1个小时，就算20分钟，宝妈都不愿意熬。谁说东西卖贵了没有人买啊？碗燕就卖断货了。不光大人喝，小孩也在喝，这说明这款产品的研发是成功的。燕之屋做了20多年的燕窝都没有赚到钱，但是这一款产品做起来后就赚大钱了。5年时间燕之屋赚了1亿元，这就是今天的时代！现在碗燕卖得非常好，虽然价格昂贵，喝起来却简单，打开就可以喝，碗燕的广告语是"开碗就能吃的好燕窝"。买别家燕窝还得看一下说明书，消费者为了熬一个燕窝还要去研究，想吃还挺费劲。为什么你企业的产品没有赚到钱——是因为你的产品太老了！说明你企业的产品没跟上今天的消费者需求。

总结，产品盈利模式，操作点："高颜值＋高品质＋高性价比"。

二、渠道盈利模式　　操作点"人人都是渠道"

在我国有一群这样的企业，比如国美、苏宁、淘宝、京东、当当、蘑菇街、唯品会、拼多多，这些都属于渠道商，也称平台商。它们不生产任何一款产品，没有一间自己的生产车间，靠自己拥有的庞大渠道流量赚钱，也帮助很多商家利用这个渠道找到顾客。为什么可口可乐做得好，因为它有大量的渠道。娃哈哈2019年尽管销售额在下滑，但是依然成为中国饮料行业中的前5名。原因就在于娃哈哈有庞大的渠道。它的渠道庞大到什么程度？随便找一个村子，在村里小卖部都可以买到娃哈哈的产品。产品销售渠道在任何时代都是流通领域至关重要的一个赚钱要素。

中小微企业竞争核心靠渠道

国内中小微企业的核心竞争力是什么？有企业说是靠技术，想想你企业真的有技术吗？好像没有吧！有企业说是靠品牌，但如果没有一定的销售额和渠道支撑是不能称之为品牌的，绝对的销量才会产生绝对的品牌，一个伟大的品牌是用销量、渠道数堆出来的。企业要想让自己的产品成为品牌，必须要有足够多的销售渠道数量。其实，中小微企业的核心竞争力只有渠道，企业的货只要铺得广，铺得多，产品铺的地方不一样，销售额就会不一样。这就是为什么深谙此道的企业，都在做一件重要事情——建渠道，渠道才是国内中小微企业的核心竞争力。

比如企业是做鸭脖生意的。鸭脖做得再好吃，没有更多的渠道承载，企业的规模就是做不起来，产品的销售速度会很慢。同行的一个单品出来，他旗下拥有大量店铺，一个店铺卖2斤，6 000斤就没了。因此，中小微企业一定要花大力气去建渠道。

企业渠道怎么来，靠什么建立渠道？

不管未来是把人人都变成渠道，还是用微商、直销的方式去做，企业都会遇到一个问题，销售渠道怎么来？任何一种销售渠道的来源本质上就两个字，没有这两个字做支撑，所有的渠道都建不起来，这两个字就是：分钱。企业要想把渠道铺得好，分钱至关重要，这就是企业建立渠道的核心。分钱要分得好，不是分得多别人就给你干，企业要分得恰到好处，火候很关键。

未来的销售人人都是渠道！

比如过去主流销售渠道有百货店、大卖场、专卖店、街头店，现在的渠道是淘宝、京东、拼多多等，未来的渠道则人人都是渠道！这是未来商业渠道的重要变革。为什么近3年来微商这么火爆，社交新零售这么火爆？连国美、小米、云南白药、洋河也在做社交新零售。这就是时代的发展，未来人人都是渠道！这才是未来整个商业变化的精彩之处。每个人都是渠道，每个人都是价值的放大器，每个人都是价值的连接点，今天如果还有企业不做变革，或变革太慢，在未来区块链时代将很有可能没钱赚。未来互联网将会进入平权时代，每个企业和个人的ID/IP都是平权的，信息不对称现象将会得到彻底根治，不论是在公有区块还是在联盟区块，产品价格查询都将会秒级显示，消费者发布一条购买产品的信息，系统都会自动适配出产品优化排名。未来企业若还想靠层层加价，将会失去竞争力，靠老套生意模式已经行不通了。

有一款马大姐辣椒酱，吃过的都说好吃。但这个产品遇到了问题。马大姐发展了第一批渠道商后，再去找第二批渠道商就进行不下去了，因为马大姐没有钱了，钱用完了。辣椒酱这种商品的销售回款周期会很慢，第一批渠道商的钱还没收回来，自然无钱去铺第二批渠道商。想提价也不现实，辣椒酱是一款大众食品，定价得比照同类产品，渠道商只要一加价，辣椒酱就卖不出去了。这在传统商业模式环境中，是必然会遇到的老问题，马大姐没钱就解决不了这个问题。如果人人都能变成渠道，那销售局面就会大不同！

为何在未来，人人都是渠道？

在全球商业早期时代，国家是推动社会前进的动力。不管是两三百年以前的美国，还是五六十年前的日本，还是十几年前的中国，整个社会的进程都是由国家推动的，所以会集中国家力量去办大事。

在全球商业中期时代，全社会的前进动力是企业。为什么美国被称为世界经济强国，因为美国是一个公司化国家，美国企业对内渗透进国会，对外已渗透到世界各国。为什么我国现在的全球影响力在增加？因为我国很多企业走出去了，尤其是阿里巴巴、京东、小米、华为、酷派、腾讯，这些企业在互联网应用端可以引领世界的发展，这时期整个社会前进的动力，是由企业来推动的。

当全球商业进入未来区块链时代，前进的动力将会变成个人。未来是个人生产力大解放的时代，未来很多企业很难招到有手艺的人。个人可以自己干了，个人产品可以通过网上售卖。现在人人都上互联网，产品销售可以从技术上实现连接全世界上网的人。未来商业世界，个人将变成推动社会前进动力的核心和关键。企业要提前预知这个时代的到来！未来谁能够把个人力量推动到极致，谁就会产生惊人的商业销量。现在淘宝上已经实现了，一个人全年卖货超过1亿元的网红销售能手。未来时代，全球进入区块链经济时，大公司将消失或分散，中小企业、个人将会强势崛起。

什么叫个人崛起？

今天这个时代，个人力量、影响力、商业价值正在迅速崛起，这是整个时代的变化。在这种情况下，企业家必须把握未来世界的发展脉搏。可以拭目以待，在未来10年，我国乃至在全球会出现许多一个人的公司，一个人可以称作一个经济体，一个人可以称为一个公司，一个人可以做一个工作室。未来的公司价值，一定不是以员工数量来衡量的，而是由价值与创新性来决定的。未来很多公司将招不到人，在这种情况下就必须把企业平台化，把公司变成大家创业的平台，让每个员工在平台上都能够发挥自己的特长，未来公司都是为个人赋能的，公司的价值是由公司的个人价值累加出来的。

人人是渠道，口碑是流量。

在未来时代，人人都是渠道，口碑就是流量。每个人都是价值的放大器，每个人都是价值的传播者。每个消费者使用完产品后，都有权去做口碑传播。口碑一传播，好产品会带来流量，差产品则会滞销。未来不能够凝聚人的企业，不能引发口碑传播的产品，即使产品放置在代理商店里，也很难有人购买。口碑已经成为产品销售的新渠道。口碑包括了两个维度，第一个维度是用言语传播，第二个维度是在淘宝、京东上做宣传，或通过个人圈子力量帮你传播。企业要考虑利用口碑这个新销售渠道，让你的产品产生人带人的持续销售。

有一家卖鸭脖的企业，原先销售就是靠零售，生意一般。后来企业改变了做法，开始发放会员卡，用会员卡锁定消费者。企业不光要发会员卡，还要想办法把会员卡赠送出去，他们推出了一个政策，办一张主卡送一张副卡，这个副卡可以分享给好朋友，主副卡每一笔消费都会有积分。这家企业之前卖鸭脖，一个零售店的销售额每月不到2万元。现在这家企业的鸭脖单品店比同行店的销售额增加了 2~3 倍。这家鸭脖企业的盈利模式一变，财富就巨变。

销售裂变是一件很恐怖的事

两个点连接在一起就成为线，三个点连接在一起就成了三角，四个点连接在一起就会产生八个点，当十个点连接在一起就成了一个网。未来的时代不仅要建群，更要建网，一个人裂变成两个人，两个人裂变成四个人，四个人裂就可以裂变成八个人，以此类推，可连接的人就越来越多。裂变是一件很恐怖的事情，这就是口碑的价值，这就是人人成为渠道的可怕性。未来时代，一家公司的崛起，仅仅需要一两年时间，销售额过亿就可以成为现实。但是一家企业倒下，可能就两三个月的事，或许就是一夜之间的事。

在今天，互联网上一件事情的发酵，一夜间就可以形成庞大的网络效应，现在很多事情的传播都是通过网络信息发酵而起，这就是人人成为网络、人人成为渠道的全新变化。企业的品牌经过口口相传，会迅速扩散成庞大的网，人与人的连接又会形成几何级裂变。

每个人都是零售商

《零售的未来：每个人都是零售商》这本书，是比利时的两位作家写的，它被评为"2018年度荷兰最佳管理类获奖图书"，作者在书中表述了一个重要的观点——"每个人都是零售商"。这句话很重要！这就是未来整个商业世界的终极目标。未来时代企业要想产品卖得好，不仅是放在专卖店里面，还会放在代理商店里，也会放在每个人的手中。通过每个人使用产品的感受，触动每个人为产品传播，引发每个人发生裂变。一个产品如果能实现这个流通路径，企业的生意一定会兴隆。这就是为什么有些"90后"做了微商，两年时间能做到上亿元，人这个渠道一旦运用好，将产生不可估量的商业价值，黏性和说服力惊人。

口碑已经成为今天销售的新渠道。未来企业要把消费者变成产品的销售渠道，要让口碑变成流量的来源。如果一个产品没有人去口口相传，那就说明，这家企业没有把"人"这个渠道做好。

未来微商、新型直销将成为渠道的标配

未来，微商、新型直销将成为很多企业的销售渠道标配，微商和新型直销从某种意义上来讲就是"人的销售渠道"。微商和新型直销最大的特点是对原有渠道去中心化，产品可以直接面对终端消费者。

未来时代一定不再像工业化时代那样铺货，从省级代理到地级代理，一定是直接面对终端消费者。不要瞧不起微商，不要轻视干过直销的人，未来企业新产品的拓展，就需要做过直销和微商的人。现在有的微商操盘手年薪已达上千万元！并且这些人企业还不好请到，还很抢手。未来会有一天，这种直接面对消费者的模式将成为渠道的主流。

企业家要想办法把微商和直销优势跟产品结合，跟你的企业嫁接。现在一听到做微商和做直销的，不要第一时间就皱眉头，就觉得这帮人不靠谱。微商、直销已经成为企业销售的新未来，成为传统行业销售改

造后必须具有的标配。同时，微商和直销模式还将成为每一个做门店的标配，只要嫁接了这种新模式，企业门店将产生不一样的商业价值。当然必须提醒企业家的是，千万不要把企业的微商和直销做成了传销。

销售必须发动群众"干革命"

什么是在我国可以成功的致胜法宝？先人们早就进行了探索。我国是世界上一个与众不同的国家，有五千年的优秀文化传承，这个国家经历了很多迭变，但中华民族依然矗立，靠的是什么？

企业要想在我国将产品卖得好，要想赚取财富，就必须发动人民群众"干革命"，这是中国人独有的商业模式。不管未来众筹做企业，还是企业家用自有资金做企业，一定要把人发动起来，发动你的用户，发动你的客户，发动你的代理商，这些都可转变为产品非常重要的销售渠道。

马云把人民群众动员起来，建立了一个阿里巴巴商业帝国。雷军一直讲，要跟小米的用户做朋友，他在发动粉丝"干革命"。今天，企业家一定要学会跟组织连接，跟别人发生商业关系。企业只要跟别人发生商业关系，别人的资源就有可能会变成你的资源。企业发生的商业关系越多，就会发现企业的资源就越来越多。

这是反向盈利的第二大模式，叫渠道盈利。企业渠道盈利的核心是人，未来的时代，人人都是销售渠道。

总结，渠道盈利模式，操作点："人人都是渠道"。

三、资源盈利模式　　操作点"融合+垄断"

资源盈利包括两种，**第一种是垄断性资源盈利**。

什么叫垄断性资源？举个例子，中石油、中石化都是通过对资源的垄断来赚钱的。资源盈利就是通过垄断把持资源，获取利润。比如，在我国开个加油站需要什么手续呢？实际操作上非常烦琐，除了经过中石油、中石化、中海油的同意，还需要取得当地规划局、环保局、商务局、安监局、气象局、工商局、消防部门等多个部门的批复，一般人是弄不下来的，因此社会上能开加油站的都是有能力的人。为什么手续这么麻烦，大家还抢着做呢？因为这属于垄断性资源盈利。全国有2亿多辆机动车，10万多个加油站，每天的加油交易量近百亿吨，全国加油市场如此之大，只要你的加油站开在路边，就不愁没有车来加油。

阿里巴巴也在做垄断性资源生意。它垄断的资源是流量，是商业大数据，是第三方支付结算，是配送物流网点，能理解它为什么要收购饿了么、高德地图吗？收购它们的目的不是高德地图值钱，而是高德地图上的注册用户值钱。垄断了这些高德用户，用户们到淘宝、天猫上开店的路径就会变得很短。

过去的二三十年一批垄断渠道的人赚到了大钱。娃哈哈是一家卖水的公司，还是一家做渠道的公司？娃哈哈事实上是一家做渠道的公司！如果娃哈哈没有这么多的渠道，早就死了。娃哈哈有几万个渠道，娃哈哈的渠道厉害到村里的小卖部都可以找到它的水。事实上娃哈哈就是靠垄断渠道发家致富的，别小看一瓶水只有几毛的利润，娃哈哈销售渠道一年给企业带来的利润有十几亿元,而且是纯利润。

第二种是闭环化资源盈利。

企业家打通各种资源也可以赚钱,可以让自己的产业链形成闭环进行盈利,比如老乡鸡就是典型的通过闭环化资源盈利。老乡鸡有三产,一产是养鸡,二产是食品加工,三产是快餐连锁。老乡鸡的老总非常有智慧,最早是养鸡、卖鸡蛋的。一开始养鸡、卖鸡蛋,鸡蛋不好卖,他就弄个食品加工厂,然后就把鸡分割后卖鸡。后来鸡也不好卖了,老总想明白了,与其卖给别人不如自己消化。他用快餐店连锁方式,打通了整个产业链。当一产和二产有了,就要去形成三产,建自己的庞大渠道——连锁快餐店。现在老乡鸡的产品出品后,可以迅速进入销售渠道,快速完成现金回流。老乡鸡的生意就这样形成了良性循环。

为什么有些企业总是感觉做生意难,是因为没有形成靠资源去盈利的模式,没有把产业链打通,没有形成产业链的闭环。企业一旦销量不足,就想建工厂,工厂建起来了产能又过剩了。针对这种情况,不如去打通三产形成产业链闭环,让自己的资源产生迭加和裂变,这样赚钱就会变得顺畅很多,所以企业要学会通过资源去赚钱。

老乡鸡开了600家店,没有持续不断的原材料供应,可能这600家店的成本会上升很多。**老乡鸡为什么有投资价值,就是因为老乡鸡的三产形成产业链,形成了闭环化资源盈利,所以投资人更愿意投它。**

总结,资源盈利模式,操作点:"融合+垄断"。

四、场景盈利模式　　操作点"人物互动＋价值感知＋极致体验"

所谓销售场景就是产品销售的场所。销售场景就是你的产品放在什么地方去卖，放在什么样的场景去卖非常重要。什么叫场景盈利呢？诺基亚二三十年以来都是这样卖手机的，把手机放在大卖场，或者在街上找一个门面房，到处都是，随处可见，只要是人多的地方，就有诺基亚的门店。

乔布斯想了，如果苹果做手机也像诺基亚这样卖，就显示不出手机的与众不同了，所以乔布斯要改变卖手机的消费场景。不能把手机放在像诺基亚那样的店铺里，还把手机锁在柜子里面。乔布斯要把手机放在像奢侈品的店里，让来买手机的顾客可以随手体验。苹果专卖店装修一定要高大上，店内要宽敞、明亮，好匹配苹果产品的高价格。乔布斯改变了卖手机的消费场景，注重顾客对手机的体验，所以这种卖手机的方式，彻底改变了全球手机的消费场景，成了一个划时代的分割线。

苹果手机门店绝对不会跟诺基亚开在同一条街上；苹果中国旗舰店是开在北京的三里屯，开在北京的国贸，并且店堂装修要向卖奢侈品的场所看齐，让顾客一看这个场景就感觉高端、大气、上档次。再看诺基亚卖手机的售货员，整天穿着一个红马夹，给顾客体验的都是手机模型，而苹果卖手机让顾客摸的都是真货，感受能一样吗？这就大大改善了顾客对苹果手机的切肤体验，形成了时代分割线。能说诺基亚手机的品质不好吗？当然不是，只是销售场景不同。

我国消费者发现突然原来手机还可以这样卖，不需要售货员开锁从柜台里拿出来，想看多久就看多久。不买也可以来玩，还可以打游戏，你越玩越上瘾，越上瘾就越想拥有一个。

我国企业可做借鉴，如果你是做店面生意的，一定要尽量把你的店面弄得非常有品位。有品位不等于多花钱，而是指营造一种气氛。

举个例子，小罐茶想自家茶叶定价这么贵，包装这么好，不能像一般茶店那样卖，得让高价和环境匹配。于是小罐茶改变了卖茶业的销售场景，引领了一个新型售茶场景时代。茶叶还是那个茶叶，只是改变了卖茶叶的销售场景，为的是增加顾客对茶叶的体验感。小罐茶的整体店面采用了卖雪茄和卖红酒的装修风格。顾客有体验就会有感觉，有感觉就会愿意买，甚至还不少买，这就叫场景盈利。

产品放到不同场景，顾客体验到的价值感是完全不同的。把同款产品放在不同地方体验，得出的结论也是完全不一样的。今天所有做门店生意的企业家，以及做会销的老总，一定要经常逛一下奢侈品店。奢侈品店靠的就是全球场景销售，可以只逛不买，是最值得我国做门店的老板去学习的地方，在奢侈品店你可以看见顾客在刷卡签名时，售货员给顾客的签字笔都不一样，奢侈品店给的是万宝龙签字笔。不像有些门店、专卖店，弄个软纸杯给顾客接水喝，连杯装茶都舍不得。奢侈品店送的全是依云矿泉水，一小瓶也得十几元。

再看看生意不好的门店导购，是怎么销售的。生意不好的门店导购，眼里只有货，没有顾客。你说要买，她很高兴，顾客问过价没买，导购马上一脸不高兴，弄得顾客不想多待一分钟，转身就走了。还有些门店为了多摆货，把过道留得窄窄的，不能同时过两个人，顾客根本没办法仔细看商品，这样的体验感不好，场景也不够友好。老总别总是抱怨自家的货不好卖，而要先看看自己的销售场景，想想顾客的体验感。

夏天到饭店去吃饭，会发现饭店空调的温度，可能与服务员的心情有极大关系，服务员心情不好时干脆就不开空调。为什么到麦当劳里面就想吃东西？因为麦当劳营造了一个愉快进食的消费场景。麦当劳在店里播放的音乐都不一样，都是那种引发饥饿感的音乐，所以进来的人总想着买点吃的。国内有些门店的音乐播放，全凭服务员自己的喜好，和顾客消费没有任何关系。能理解吗？在北京一家讲究休闲情调的咖啡店里，播放的全是嘻哈、蹦迪、快金属音乐，谁还坐得住？消费场景能对顾客促进购买是不言而喻的。比如一家饭店，晚间灯光不够亮堂的，这家店的生意通常不好。灯光不够敞亮，一般人是不愿意进去的。灯光明亮代表心情好，预示着生意红火，也是吸引店外顾客目光的一种引流手段。大凡生意好的饭店，灯光都明亮，照明密度保持一致，全店没有光照死角。消费场景太重要了，稍微调整一下，商家的客流量就不一样，顾客消费时的感觉就不一样。

去过宜家的都知道，很多人坐在宜家店里看书，爱在宜家店里闲逛，为什么宜家生意好？就是因为沙发可以让你靠，床可以躺着睡，凳子可以放心坐，顾客可以像在家一样惬意。宜家是按照真实家庭生活场景来布置卖场的物品，所以消费者走进宜家就仿佛走进了一个温馨的家。宜家是一家很懂人性的企业，都是按照人的需求，按照家庭的需求来布置场景的，所以宜家的东西卖得好，就不奇怪了。

商家如何有效实现场景盈利

场景盈利的核心就是人跟物要充分互动。有互动才能产生连接，才能够产生情感，顾客只有充分体验过，才能激发其购买欲望。乔布斯为什么一定要让你体验手机，因为他希望产生人与产品的互动，只有互动了，对产品才会了解，了解了才会产生喜欢，想促进销售必须要改变顾客体验感。为什么卖茶叶首先要请人品茶，不品茶顾客就很难产生购买欲望，喝完了觉得这个茶确实不错，他或许会买，这就是体验的魅力。4S店卖车首先一定鼓励你试驾。特别是豪车，试驾通常是付款前的最后一击。

在场景盈利上，我国企业家还有很多盈利点可挖，这也是我国企业未来盈利的核心点之一。太二改变了食客吃鱼的消费场景，太二的装修风格是古香古色的，里面还有很多的消费文化贴在墙上，促使顾客愿意拍照，诱使顾客主动发朋友圈，这些都是为了让顾客产生购买的欲望，勾出顾客想吃鱼的馋虫。改变消费场景，就会改变人的体验感，通过人跟商品的互动，去刺激用户的购买欲望。所以，消费场景对营业额的提升是至关重要的。所有做门店生意的企业家，都可以在消费场景上，围绕着人物互动的充分体验上，去设计销售环节，想办法激发顾客的购买欲望，去布置产品的销售场景。

总结，场景盈利模式，操作点："人物互动+价值感知+极致体验"。

五、服务盈利模式　　操作点"产品深度＋人的价值＋互联网技术"

提到服务盈利大家都不陌生,当企业的硬件不能改变时,当企业的产品不易改变时,企业可以通过增加服务来产生利润。

慕思的反向服务盈利

全国卖得最贵的床垫,盈利能力最强的床垫叫慕思。慕思最贵的床垫一张能卖十几万元,销量还特别好。慕思在 15 年前做床垫时想过,要做的跟竞争对手不一样。15 年前卖床垫的商家都在卖舒服。慕思就想了,如果自己也卖舒服,肯定卖不过同行。于是,慕思给自己床垫做了定位:不卖舒服,卖健康!卖健康睡眠!就是这个独特的定位成就了今天的慕思。今天的慕思已不再是单纯卖床垫的企业,已俨然成了中国人健康睡眠的专家。慕思在总部建立了一个"慕思健康睡眠体验馆"。体验馆里面从生物科技着手,从脑医学角度、人体工程学及其他各种视角对健康睡眠做了全方位诠释,还针对人的身体出现的各种常见病,提供不同类型的健康床垫,并力邀参观者现场体验。慕思还出版了《中国人健康睡眠报告》《中国人健康睡眠指南》等一批专项报告,占领了中国睡眠话语权的制高点。

如今,慕思已经成了一家为健康睡眠提供深度服务的企业。慕思企业做得很成功,床垫不断涨价,但是销量依旧很好。如果只是卖一张床垫,卖那么贵是根本没有人买的。慕思卖的是解决方案,慕思是以床垫为核心,深度解决睡眠健康的服务方案商。

慕思通过一张床垫持续不断地提供深度服务,让用户为服务买单,而不再单纯是为床垫去买单。慕思为什么如此强调卖服务?第一,慕思是一家生产床垫的企业,仅卖床垫,竞争对手太多,慕思没有什么竞争能力。慕思就想到了挖深度:卖健康。第二,慕思以一张床垫为载体开始卖睡眠解决方案,这就有深度了。慕思仅卖睡眠解决方案还不够,还要继续通过服务做深度,要售卖一种生活方式给顾客,同时要推广睡眠文化,这都是围绕一张床垫做的深度服务。要想赚钱,要么做广度,要么做深度,但是做深度的企业,一定干不过做广度的企业。

慕思怎么卖床垫呢?慕思运用了整合借力。慕思声称做全球床垫材料的整合者、全球设计师资源的整合者,通过这些资源整合可以保证床垫快速迭代。要想把生意做好,资源整合很重要,学会借力很重要。慕思深知此道,于是开办了专门的平台网站,以互联网技术为依托,整合了全球床垫设计师和全球床垫原材料,慕思是全球床垫资源整合最成功的一家企业。这是一家在经营思想和智慧上都很全球化的一家公司。这说明一个道理,今天只要企业家的思维足够宽广,企业家的梦想足够大,身边就永远不会缺资源。

为了卖睡眠解决方案,慕思还做了什么?慕思通过智能技术让床垫变得更懂人性,研发了睡眠音乐。针对16种睡眠情绪,对应不同的16种音乐。还针对不同的人,匹配不同的有助于睡眠的香薰,这就叫围绕着一张床垫做服务深度!这就叫深度。不论哪家企业,能把产品做到这种深度还愁不赚钱吗?产品深度有10 000米,假设企业才做到2 000米就不干了，那就只能赚点小钱。

慕思竭力售卖的是一种生活方式。慕思主张让你睡得更好，睡出成功，睡出美丽。睡眠跟成功有什么关系？睡眠跟美丽有什么关系？当它变成一种生活方式时，顾客就会觉得有关系。人只有睡好觉，才能谈得上更加成功；拥有健康的身体，才能让你更加美丽。躺在慕思床垫上睡觉，用户根本不觉得那是一张床垫，觉得那是一个承载成功的方舟，那是一个可以让自己变得美丽的花园，这就叫深度。

随着慕思设立全球睡眠文化产业总部基地，慕思在全球开始推广睡眠文化，连续15年做睡眠文化的推广，举办了全球睡眠文化之旅。通过这些文化活动，保持产品的服务不断有深度，让消费者对床垫产生依赖。

将产品做深度，让产品具备服务顾客的能力，那么企业的产品就具备了口碑效应，就具备了与众不同的价值。这种服务模式可称为"慕思式服务"。今天如果企业本身是做产品的，有工厂，有生产线，那企业不妨学习一下慕思方式，把一张床垫变成服务的模式。

海底捞的反向服务盈利

一提到海底捞，大家就认为海底捞的服务好！有人给你擦皮鞋，有人给你美甲，在那儿吃饭，服务员一听说你过生日，马上给你推上一个生日蛋糕，还给你弹吉他，这是海底捞式的服务。**海底捞式服务，是一种人对人的深度服务。** 而慕思式服务是通过产品对人做深度，两家的服务模式不一样。海底捞是典型的"人跟人"服务。海底捞式服务对服务的要求高，对人的要求更高。为什么很多饭店不敢学习海底捞，因为学习海底捞式服务的成本实在是太高了，还不一定能学成功。海底捞式服务，是通过训练员工，考核员工，选择排名靠前的员工才能为顾客提供服务。比如很多按摩师是来自美容院，经过考核后才能上岗的，海底捞对按摩的要求特别高，女按摩师的手法好，长得漂亮，生意才会好，否则就很难有人找她做服务。为什么现在一些美容院的SPA生意很难做，不是美容院的服务难度大，是招不到合格的技师。如果你的企业是采用人对人提供服务，那么对人力资源的要求就会高，对培训要求也会比较高，当然高要求之后，提供的服务质量也会高。

滴滴的反向服务盈利

滴滴提供的是第三种反向服务盈利方式。10年前大家坐出租车，都是打出租公司的车。但是今天你坐在家里打开App，"滴滴"一下专车就来了。专车司机还给你打电话，车一到你就下楼了。下楼后一个穿白衬衣的小伙子彬彬有礼地说："您好！我是为你服务的滴滴司机。"司机打开车门，请你上车。上车后就问你，温度合不合适，要不要喝水，要不要吃东西。乘客会有什么感觉？终于找到了消费者是上帝的感觉。滴滴出行通过互联网的连接，提供了比出租车公司更加便捷的服务。这些年，美团、饿了么、淘宝、京东这些企业都在利用互联网提供服务，网络可保证人与人产生连接，然后使深度服务可落地。比如用"滴滴出行"，如果你经常叫车，就会给你自动升级，一上车司机就说，你是我的大客户。"滴滴出行"通过互联网工具和大数据精准分析出乘客是什么类型的，于是会给你匹配相应的车型，匹配相应的司机师傅。这类以互联网为载体，产生与人的连接，从而为你提供深度服务的模式，可称为滴滴打车式服务。

三种服务盈利模式，各有侧重。第一种是慕思式服务方式，让产品具备超强的服务功能，形成"物与人"的服务模式。第二种是海底捞式服务，是"人对人"提供服务。第三种是滴滴打车式服务，通过互联网工具产生与人的连接，是一种"工具和人"的服务模式。

服务盈利核心是与人的连接

通过以上几个案例，可以总结出**服务盈利的核心：让产品与人产生连接。要么产品与人深度连接，要么人与人深度连接，要么用互联网工具与人深度连接，三种服务模式连接的核心都是"人"**。今天，一个企业要想通过服务盈利，就必须要研究人。产品也好，互联网工具也好，这些都是载体。服务盈利研究的是人，更是人心。企业不仅要研究人，更重要的是研究人性，研究透了人性，企业就找到了服务盈利的模式。一个懂人性的企业家一定是很赚钱的。

不是今天生意不好干了，而是你企业做生意的方式太传统了！思维太传统，做法太传统。反向盈利，就是把传统商业中阻碍盈利的积弊推倒重来，用一种全新的方式，反向思考生意，思考价值。

总结，服务盈利模式，操作点："产品深度＋人的价值＋互联网技术"。

六、社交盈利模式　　操作点"信用货币＋圈层消费＋情感关怀"

社交盈利，是这个时代非常重要的一种盈利方式。社交很简单，大家在一起吃饭叫社交，在一起喝茶也叫社交，当人们解决了最基本的温饱问题后，社交将成为每个人的刚需。这就是为什么 2019 年被称为社交新零售的元年，社交新零售将成为改变全球商业的一种模式。从过去的电商到微商，到 2019 年的社交新零售，社交在未来将会产生非常大的商业价值，社交盈利在未来 10 年将会蓬勃发展。

社交盈利在我国才刚刚开始，在未来 10 年将会大爆发，企业的产品只有能满足人们的社交需求才能赚到大钱，比如红酒、葡萄酒、茶一定会迎来社交零售大爆发。社交盈利是基于商业社交占据"信任"的先天性因素，把自己的产品使用体验分享给自己的亲朋好友，再在特定的场景当中实现产品营销。

社交盈利的核心是什么？

社交盈利的核心是基于社交"信任"的先天优势。 一个企业家在未来，千万不要透支自己的信用，信用非常重要，信用就是金钱。在当今时代，一定要做一个靠谱的企业家，这很重要，否则未来你企业的社交盈利是做不起来的，一个低信誉的企业家是没有办法开展商业社交的。社交盈利是基于信任这个核心而展开的。比如某人要买一辆车，基本上都是先问身边最好的朋友，朋友的推荐与建议将成为买车的重要决策依据。为什么你相信朋友？是因为你跟朋友之间有信任感。这个很重要，信任所在的地方一定会聚财生财。

社交盈利的两个维度

社交盈利是从两个维度展开的。

第一个维度叫口碑。如果你的产品在朋友圈和社交过程当中产生了口碑，那么这是社交盈利的第一个维度。口碑可以使产品在尚未传递到用户之前，就已经形成心智上的认知，如用户对你的产品有良好印象，可令其对品牌的感知距离缩短。

第二个维度叫信任，厂家和消费者彼此信任，可使消费者形成对产品的信任。信任不足是产品成交的障碍，基于信任的交易会水到渠成。之前说过，为什么厂家独自开设一个网店，通常鲜有成交，迫使企业只能去第三方电商平台开网店，就是因为厂家的信任度还不足以支撑点对点直接销售。直接成交对消费者而言有风险，这个风险就是因为顾客对企业的信任值距100分还相差不少。为什么商品在成交前总会有顾客说"要考虑考虑"？这背后的一切都是源自于信任度不够，不要以为都是钱的问题，因为人只要想做一件事，钱永远不是问题，没有直接成交，很可能是因为顾客对商家的信任感不够强。成交就是信任的事，信任不足，口袋里再有钱，也会说没钱。这就是人性，企业应该深刻理解。

社交盈利是一种用情感深度交流促进成交的方式，交流的方式就像朋友之间的对话，聊什么都可以，通过情感交流拉近彼此的距离，通过情感关怀，让对方感受到企业的真诚，从而产生信任。

社交盈利的红利期才刚刚开始，与零售有关的企业一定要抓住社交盈利的这个红利期，抓紧时间用社交盈利的方式重构零售的商业模式。社交盈利是基于微商，基于互联网，基于我们线下的实体门店聚合所产生的盈利方式，通过企业的有效社交从而带动产品的销售。

总结，社交盈利模式，操作点："信用货币+圈层消费+情感关怀"。

七、金融盈利模式　　操作点"杠杆原理+投资属性"

所有银行都属于金融行业。允许做存贷业务的银行的赚钱方式很简单：一方面，可以吸纳存款；另一方面，可以贷款。存进来的钱年利率可能为1.5%，贷出去的钱年利率可能为8%，所以中间就产生了7%的利差。这个利差就是银行赚钱的利润。金融盈利的模式不难理解，其核心是用钱生钱，银行就是在用钱生钱。银行也会买一些债券，会通过很多金融产品保持利润生生不息。一个企业家要想用金融模式来盈利，一定要掌握钱生钱的方式。未来的企业家，一定要实现从企业家到投资家的转变，这是企业家角色的时代转变。企业家一定要能互换角色，一定要善于用投资人的思维去看待企业。

金融盈利的核心就是用钱生钱，钱生钱赚钱通常由以下四个维度构成：

第一个维度，赚取差价。卖产品赚差价，这是最古老的商业方式。

第二个维度，赚取行差。有句老话"男怕选错行，女怕嫁错郎"。什么叫行差？你选择的行业不一样，所赚到的钱是不一样的。举个例子，有很多老总心想，自己这么勤奋，学历这么高，但自己那个学历不高的同学竟然是亿万富豪，为什么？很简单，你是做茶叶生意的，他是做房地产生意的。市面上有些老总从原单位辞职后，弄到一片地，盖了几幢楼，就赚了1亿多元，那你怎么比呢？没法比。是他的能力比你强吗？是他选择了不同的行业，选择的行业不一样，赚钱的方法就不一样。可见，选择行业非常重要，不同行业的赚钱结果是截然不同的，行业跟行业之间产生的利润不一样。

第三个维度，赚取增值。这种赚钱方式就是通过不断增值，赚取利润。比如你企业通过不断增值，从1个亿发展变成5个亿。让你的企业值钱就是增值，如果你的企业有大量用户，你的企业有好的创业团队，那么在发展的过程中就会不断升值。

第四个维度，赚取市值。企业上市以后市值会不断变化，从100亿美元到300亿美元，再到1 000亿美元。增值和市值赚的都是资本的钱，因为要想赚大钱，就必须赚资本的钱，仅凭劳动成果赚的钱都是辛苦钱。赚资本的钱才是真正赚大钱。

金融思维就是由以上这4个维度构成的，今天的企业家都应具有金融思维，拥有金融思维的企业家容易做出一日千里的业绩。

"80后"的胡玮炜，2015年1月在北京创办摩拜单车，当时注册资金只有500万元。2018年4月美团以27亿美元的作价收购了摩拜单车。被收购后，胡玮炜套现了15亿元。3年的时间她怎么赚钱的，凭体力吗？凭脑力吗？凭套现！这就是资本的力量，她的财富绝对不是靠大家骑一辆车赚5角钱挣到的。当你将一家企业做成功后，哪怕企业不上市被卖给别人，你都有可能成为亿万富翁。这个时代发展太快了，现在很多企业家都在寻找好项目，然后找志同道合的人一起把它做出价值，把项目做到上市，转让卖掉，然后再寻找下一个项目。一个企业家有多少好项目，就有多少次创造财富的机会。

来看拼多多的老板黄峥，1980年生人。2018年7月6日，成立3年左右的拼多多在美国纳斯达克上市。2019年11月，黄峥以1499亿元的身价入选"2019年福布斯中国富豪榜"。上富豪榜的人跟年龄有关系吗？没有。市场上总能发现一两个这样的老总，三五年把项目做上市，一变现上亿元财富就有了。这个机会要等，等的过程是很痛苦的。能够耐心等待的人才能干大事，要干大事内心需要宁静，一定要把自己的内心世界经营好，什么叫用钱赚钱，什么叫用资本的力量赚钱？企业家一旦介入，就会彻底明白资本的力量到底有多么强大。

再来看徐小平，他是我国著名的天使投资人。2007年徐小平以18万美元投资了聚美优品，2014年聚美优品在美国上市（18万美元在2007年折合人民币大概为100万元）。当时聚美优品的陈欧才开始创业，还没有产品，没有App，陈欧就是卖了一个梦想，他用梦想做估值，得到了18万美元。2014年聚美优品在美国上市后，徐小平卖股退出，账面收益近3亿美元。徐小平立马不当英语老师了，他在著作中写道：在学校当老师赚不到很多钱。彻底改变徐小平命运的就是投资了聚美优品，这20亿元让他的人生彻底翻盘，从此他以中国著名天使投资人的身份，开始活跃于中国各大创业秀场。

今后的企业家，一方面要做好实业，另一方面要做好投资。要两手抓，唯有如此，未来才能够通过投资来反哺你的实业。有了钱，再把实业做得更扎实，让你的投资更有意义和价值。未来的企业家，应该是企业家和导师一肩挑，把你创业的历程讲述给别人，把你好的经验与别人分享，你收获的财富一定会出乎你的意料。

要不断地研究有钱人到底是怎么赚钱的，去发现少数人在这个世界上赚钱的智慧。有两句话很重要：**自己需要钱的时候让别人来投你，自己有钱的时候去投别人**。这就是少数人赚钱的智慧。让别人来投你，说明你这个人值得别人投，你的项目值得别人投，说明你个人信用度是非常优异的。自己有钱的时候一定要投别人，这背后的思维是，大家互投之后，彼此资源就发生了利益关系，就不仅是钱的问题，还可以实现资源裂变。

很多企业家的骨子里面，还是没有脱离卖产品做差价的思维。很多企业家总是担心一个好方案能不能落地。什么叫落地？首先要重新思考，重新想象。没有思考好，没有想象好，没有资金是落不了地的，千万不要陷入落地的陷阱里面去，没有资金你落地都是空想。

企业不仅要掌握如何让你的产品具备金融属性，还应该知道如何让你的企业具有金融属性，反过来支撑产品的金融属性。来看以下几个案例，了解一下具有金融思维的企业都是如何运作的。

企业金融案例参考

传统金融既没有组织能力，也没有业务发现能力，传统银行的借贷很难实现深度金融服务。企业金融就不一样了，企业最了解自身和上下游的资金运作情况，因此现在很多企业都在深度拓展自己的金融业务，利用企业与银行间的桥梁中介作用，为企业生产和销售解决资金问题。

1. 供应商金融

TCL搭建了一个供应商金融平台（简单汇平台），把与自己相关的供应商组织起来，将供应商分级为：核心企业成员单位；一级供应商；二级供应商；三级供应商。当中小微供应商发生资金短缺时，TCL会提请银行给予缺少资金的供应商发放贷款。对不需要金融贷款的中小微供应商的订单，一律视为金单，金单可自行融资，金单可做债权转让。

这种模式下，TCL既是供应链的参与者，也是生态的搭建者，TCL利用供应商平台做金融中介服务，跟外部银行一起合作，为与企业有利益关系的中小微供应商提供流动性资金，确保TCL产品的顺利生产。

2. 生态圈金融

中驰车福是一家汽车配件公司，但它并不生产配件，而是搭建一个平台，利用金融科技来掌控配件公司的信用状态，再跟外部的银行合作。这是一种第三方组织模式，中驰车福是生态圈的组织者，也是金融的中介，它既跟外部产业结合，又跟银行进行合作来为本企业产业链中的企业提供流动性资金服务。

这种生态圈金融，是由三方参与的：① 生态圈的组织者（中驰车福）；② 汽车配件生产商；③ 银行金融机构。由中驰车福搭建一个企业间支付结算平台，操作如下：① 中驰车福下订单；② 汽车配件生产商接单；③ 中驰车福根据接单向合同银行贷款；④ 汽车配件生产商交货；⑤ 中驰车福用贷款支付货款。

3. 招标金融

中建集团跟招商银行建了一个平台，因为是建材要进行集中招标，传统金融机构的借贷是基于中介本身的信用，但是商业银行会担心风险，所以中建集团把招标流程进行标准化，用区块链做了一个双向的分布计算，这样银行就能了解真实的业务过程，再加上企业的信用值就可以把资金融进去。

招标贷款平台的具体流程如下：

① 中建集团发布采购招标；② 公布中标结果签订合同；③ 中建集团用采购订单向银行融资；④ 银行根据采购订单发放贷款；⑤ 供应商发货到中建集团；⑥ 中建集团支付供应商采购货款。

4. 订单金融

欧普照明与经销商和银行三方联合打造了一个金融平台——联诺平台（LINO），专门解决欧普照明的资金短缺问题。

平台操作很简单：① 经销商给欧普下订单；② 经销商的订单信息同步至联诺平台；③ 欧普接受订单后给经销商的信用做出评级；④ 银行根据经销商的信用评级发放贷款给欧普用于生产；⑤ 货物配送至经销商；⑥ 经销商结清货款；⑦ 欧普结清银行贷款。

欧普照明利用经销商为自己做融资，可基于业务订单数据和资产情况来解决欧普照明采购资金不足的问题。

5. 粮食银行

中粮集团做了一个粮食银行和种植贷。是由中粮牵头，与种植户签订合同，由银行、担保公司、保险公司联合为农户提供种植贷款，中粮为种植户提供购买种子、农资、农机的服务。种植户在给中粮交售种植物时，扣除贷款利息，扣除中粮为种植户提供的种子、农资、农机服务费，剩下的即为农户收入。之后，农户如果愿意，中粮还提供种植物仓储服务。再之后，中粮还随时提供销售市场行情大数据，种植户可随时委托中粮做代理把种植物出售。

这是一种企业为客户提供商流、物流、资金流的供应链金融。粮食银行的出现，解决了种植户资金、种子、农资、农机、仓储、销售等一系列问题，如果种植户和中粮这样的企业合作，那种植户什么心都不用操，只需一心一意把自己地里的活干好，企业和客户之间的利益关系得到了紧密强化，也有利于打造中粮农业端供应链、仓储链、销售链的体系。

上述案例是今天比较流行的企业金融的几种应用情况。目前企业做金融更多还是供应链金融这种模式。一个企业能不能做出来自己的金融模式，主要看两个方面：第一，看企业能不能把上下游和各环节的利益相关者有机组织起来；第二是操作透明化，能否把握当中的每一个要素，让企业金融流程透明化，透明的操作才能够确保实现金融价值，透明是金融互信效率最高的方式。

总结，金融盈利模式，操作点："杠杆原理＋投资属性"。

八、生态盈利模式　　操作点"粉丝经济＋价值赋能"

生态盈利是一种终极盈利的模式。小米、华为、阿里巴巴、美团、今日头条都在构建自己的生态链。小米生态链上的企业有200多家，小米生态链的销售额2018年超过了300亿元。小米生态链现在已经孵化出4家在美国纳斯达克上市的企业。雷军在所有生态链企业里从来不当大股东，他的投资在生态链企业的股份里只占10%、15%或20%，谁占大股份？创业团队占大股份！如果不让创业团队占大股份，他们就没有执行动力。雷军通过生态链实现了相互赋能，雷军说用户才是我们最宝贵的资产，用户要点什么我们就卖点什么，只要用户喜欢就好。这是雷军的生态语言，未来好的企业的定位都应该是构建新商业生态链。

商业生态链，就是用户的所有经济行为都跟企业产品有关，这就是生态链经济。企业一旦变成了生态链企业，那么用户所有的经济行为都将和产品有关。要想构建生态盈利，用户共享是关键。所有能够构建出生态链的组织和平台，用户必须是共享的。

未来企业越是结盟，发展就会越好，越抱团大家的力量越强大。企业资源共享，企业生态赋能，一个好平台，资源一定是共享的，彼此资源是相互赋能的。企业家做人一定要实实在在，实实在在的人才能够赚大钱。未来，世界上越滑头的人，越没有人跟他合作。没有人合作，企业家就很难有创造财富的机会，所以企业家一定要回归到做人上修炼自己。

生态盈利的核心：

用户共享、结盟发展。

资源共享、生态赋能。

渠道共享、利益一致。

智慧共享、利他协同。

共生共荣，生生不息。

总结，生态盈利模式，操作点："粉丝经济 + 价值赋能"。

九、品牌盈利模式　　操作点"价值定位 + 共情文化"

品牌即大家公认的知名产品。一个被消费者广泛接受的产品或服务或企业，就是品牌。**能成为品牌的产品，一定是提供了被消费者广泛认识、高度认同的价值。**品牌是通过名称和标志被人们记住的，企业的产品都会有一个牌子，但有牌子不等于有品牌，品牌必须是被大家公认为有价值的知名产品。比如，华为手机、小米电器、长虹彩电、贵州茅台、海尔冰箱、格兰仕微波炉、格力空调、青岛啤酒等，这些都是响当当的品牌。世界上能挣大钱的企业都是依靠品牌盈利的。

企业产品一旦有了品牌，就像武艺高强、以一当十的英雄一般，可以横扫千军。产品有品牌就好比穿上了靓丽的销售外衣，会成为消费者的首选，引发出大量购买、重复购买。例如，国内家电市场中的电冰箱、电冰柜、空调、洗衣机、热水器、电视机等产品，就是由少数几个公认品牌控制了80%以上的市场。所以市场上流行一句话"二流企业做产品，一流企业做品牌"。

中小微企业，尤其是初创企业都有一些共同点：没钱、没人、没资源，最主要是没品牌。通常创业者是先埋头苦干，做出好产品，等到产品上市了、赚到钱以后，再慢慢开始去做品牌宣传。结果好容易自己的新产品出来了，却发现新产品早有竞争对手，竞争对手都有叫得响的品牌了，企业这才发现自己成了局外人，成了销售市场外的看客。

反向盈利思维下，不是这样的，产品要先做品牌，然后销售。

企业如何打造自己的品牌？

首先，企业要给产品做一个价值定位。产品价值定位就是你产品畅销的"通行证"。其次，做品牌定位，就是找出你企业产品与别家不同的"特点"，让消费者一下子就能记住，一眼就能认出来。

找不出产品走进顾客心智的理由，就无法赢得顾客。

企业品牌定位基本方法有三种：聚焦、对立和分化。

聚焦。企业品牌塑造，应该聚焦于一个品类，放大一个品类的差异化属性，而尽量避免四处作战，避免隔空打牛。聚焦是形成差异化的核心原则，例如，王老吉的定位：怕上火喝王老吉；长城汽车的定位：打造中国SUV领导者；东阿阿胶的定位：滋补三宝；真功夫的定位：缔造中式快餐"快速"领导者。

对立。就是企业找到一个品类市场中的强者，提出和他差异化的不同主张。比如，百度面对最大竞争对手谷歌，提出了"百度更懂中文"的品牌对立口号。百事可乐根据对立法则，和可口可乐背道而驰，使自己成为新生代的选择：百事一代。

分化。当产品在品类市场上，无法突破行业领头羊的壁垒时，不妨从一个局部去突破，就是在品类市场的细分领域找到领头羊缺少的"卖点"。诺基亚的成功主要源于聚焦，在20世纪90年代初，砍掉了很多产业而聚焦到手机上来，而诺基亚最后的衰落则源于品类的分化，当传统手机分化出智能手机这一新品类时，诺基亚没有勇气割舍利益，去启用新产品并攻击自己，从而给了苹果和三星机会。而苹果的成功，正是抓住了品类分化的机会，率先在消费者心智中形成"高端智能手机"的认知，从而给了消费者选择苹果而不选择诺基亚的理由。

再比如香飘飘本不是奶茶行业的领导者，但是香飘飘做了品类分化后，变成了"杯装奶茶开创者"。日后香飘飘借助广告，把这个定位口号传播给消费者，一举占据了消费者的心智，成为全国奶茶的销售冠军。

品牌文化是共情文化

品牌文化，是指把品牌的价值用文化的方式传递出来，从而达成与顾客心智的共情沟通，形成消费者对品牌在精神上的高度认同。

可口可乐，是全球成功的品牌文化典型。可口可乐成功地为消费者提供了一个有丰富文化内涵的品牌，而不是冷冰冰的产品。可口可乐把美国人的精神、美国人的生活方式揉进品牌，再精心制作了与时俱进的整合传播方案。可口可乐给我国企业最大的启示是，品牌文化是可以变成人们生活中的一部分的。

小米手机的品牌定位是年轻人的第一款手机。因为年轻人的收入不高，喜欢轻松活泼的内容，喜欢互联网"段子"，不喜欢高高在上的品牌形象，但对产品品质和性价比要求颇高。消费群体决定了小米的品牌文化必须是简单融入一体的品牌文化。于是，小米和《奇葩说》合作，用雷式英语，用调侃的方式做内容，再选择微博、微信传递品牌的年轻化形象。

江小白确定了"简单、为年轻人设计的白酒"这一理念后，通过音乐节、嘻哈、约酒、微博社交文化、涂鸦等营销活动，持续传递江小白的品牌文化，选用冲击力强的文案和视觉设计醒目的图案，采用连续漫画手段展示。久而久之，江小白品牌文化自然印在年轻消费者的脑海中，形成了独特的新式白酒品牌文化，江小白也因此名声大噪。

品牌能给企业带来的盈利点

（1）**可以利用企业品牌的知名度招商**。对于一个企业来说，具有一个好品牌就容易赢得顾客的信赖和好感。品牌有知名度，在招商引资、渠道建设、零售布点时都会一路畅通无阻，甚至出现渠道商竞争代理的局面。品牌是产品畅销的名片，有品牌的产品不愁代理商。

（2）**企业品牌可吸引人才，提高生产力**。企业能否吸引优秀人才，确保企业保持高水平的管理，能否避免人才频繁流动造成的损失，这一切都有赖于良好的企业品牌形象的建立。有品牌的企业，人才招聘都相对容易，优秀人才更愿意为有品牌的企业工作。

（3）**企业品牌可提升企业销售的业绩**。一旦企业有了品牌知名度，只要是正面的知名度，各类客户自然会慕名前来购买，提升营业额也是顺理成章的事。一个企业若知名度不高或品牌形象不好，销售人员所做的努力势必事倍功半。

（4）**有品牌的企业更易筹集到资金**。企业需要长、短期资金时，如果企业形象好，许多社会上的投资机构和金融机构，都会愿意参与投资经营，在金融业务中品牌是可以直接抵押拿到贷款的。当企业品牌发展走向国际化时，更容易吸引外资投资机构。由于企业有着良好的品牌口碑，其股票在证券市场上的价格也势必上扬。因此，有品牌的企业，资金筹集将更为容易。

（5）**企业品牌能提高广告效果**。每年世界各地都会有各种品牌排行榜，以及消费者喜爱的品牌评选等活动；也会有 3.15 晚会这种揭露不法品牌的活动，企业一旦上了晚会名单，形象将会受损，品牌价值将会大幅降低。

企业有了品牌就可以对广告策略、广告策划、广告创意进行统一规划和精心制作，而使广告具有倍增的效应。企业传递信息，如果品牌理念推广得法，广告效果必然会一路提升，让消费者在通过网络、电视、报刊等媒体的广告传播中，直观地接受品牌的价值主张。这与直接叫卖产品的效果不可同日而语，品牌是企业俘获消费者的魔棒。

总结，品牌盈利模式，操作点："价值定位+共情文化"。

第五部分：
反向盈利时代宣言

一、反向盈利时代宣言 / 204

二、我国更好的商业时代才刚刚开始 / 205

三、反向盈利引领 6 大时代趋势 / 206

四、我们都为年轻商业而生 / 208

一、反向盈利时代宣言

盈利是企业永恒的追求，传统盈利已经走进死亡之谷，反向盈利正在加速走来，势不可挡，欣欣向荣，生机勃勃！

这是一个万物重生的新时代，商业在求新，传统盈利模式在变弱。成人达己正在粉碎自私自利；模式创新正在颠覆产品买卖；资本力量正在重塑传统生意；超级路演正在改变埋头苦干；工匠精神正在碾压粗制滥造；资源使用者正在战胜资源拥有者。从现在开始，每个人、每家企业都需要一场自我革命，没有永远的领先，也没有永远的落后。反向盈利让每个人、每家企业都有逆袭的机会，这才是最好的时代！

反向盈利的本质如果用四个字概括，那就是"成人达己"。如果用三个字概括，那就是"被需要"。如果用两个字概括，那就是"利他"，如果用一个字概括，那就是"爱"。反向盈利是一套全新的商业哲学，全新的商业操作模式，全新的商业方法论，欢迎学习反向盈利，共学、共创、共享、共赢。

我们汇集新商业世界的代表，领航我国企业跨进反向盈利新时代，向传统盈利说再见，与传统盈利决裂！从现在开始，商业世界切换到一个全新的反向盈利新时代。我们怀着无比神圣、无比荣耀的时代责任感，写下新宣言，为推动新商业落地奋斗。生命不息，奋斗不止！

二、我国更好的商业时代才刚刚开始

未来10年，我国所有生意都值得再做一遍。

企业一定要知道未来的钱在哪里，我国更好的商业时代才刚刚开始，未来商业的钱在哪里？总结发现，**未来10年，我国商业的钱大多云集在这三个地方：消费市场、创业市场和投资市场。**

第一，我国未来的钱在消费市场。只要做跟消费有关的生意，不管是个人消费、家庭消费，还是精神消费，企业都可以赚大钱。企业要想在消费市场赚大钱，企业家必须转变思维。传统商业靠产品赚钱，未来商业要靠模式赚钱。未来新商业时代，企业一定要通过设计商业模式快速招商，快速融资，快速获取现金流。

第二，我国未来的钱在创业市场。为什么很多人要拼命创业，创业市场是未来赚钱的地方。未来企业家要想创业必须要符合趋势，举例，5G一定是未来趋势，所以与之相关的企业都可以从中获利；同理，企业做互联网也可以获利，企业做干细胞也可以获利，企业做教育培训行业也可以获利，因为它们都符合未来趋势。

第三，我国未来的钱在投资市场。所谓投资市场就是用钱生钱，投资更多的项目，投资更多的渠道，投资更多的股权，从而实现收益。

企业投资可以大家相互投，自己需要钱，让别人来投你。自己有钱，去投给别人。大家相互投资之后，彼此的资源就发生了互换，企业就可以派生出更多的财富机会。

三、反向盈利引领6大时代趋势

趋势1：成人达己正在粉碎自私自利。在未来商业世界如果企业家不能够做一个成人达己的人，只想做一个自私自利的人，那么不管想法有多好，不管企业的产品有多好，都是很难赚到钱的。如果企业家身边没有朋友，没有商业伙伴，将步履维艰。这就是反向盈利中反复强调的思想——成人达己。什么叫成人达己？通过成就别人顺便来达到自己的成功，"成人达己"这四个字将成为新商业运动重要的核心商业思想。

趋势2：模式创新正在颠覆产品买卖。在未来的商业世界，企业只靠一款产品很难行走天下，所以企业必须要用模式创新，尤其是商业模式创新。

趋势3：资本力量正在重塑传统生意。不管是今天的摩拜单车还是拼多多，资本的力量正在重塑这些传统生意。未来的商业世界，企业家必须要了解资本，企业必须玩转资本，必须要读懂资本背后的商业价值。

趋势4：超级路演正在改变埋头苦干。未来的商业世界，企业不仅要能干，企业更要会演说，不会演说的企业家，在未来商业世界将无法推动项目深入用户的心。这就是时代的发展，脚步必须跟上。

趋势5：工匠精神正在碾压粗制滥造。今天企业做出来的产品不能粗制滥造，企业做出来的产品要能够让顾客有"哇！"的感觉。企业生产出的产品要具备商业美学，符合消费者的心理需求。不这样做，企业是没有办法赚钱的。要想获取产品利润，企业必须具有工匠精神，用工匠精神打磨产品细节才是未来。工匠精神对未来的我国企业将非常重要，不管是今天的同仁堂还是华为，它们都是工匠精神的践行者。雷军说："相比追求利润，我相信追求产品的体验更有前景。相比渠道的层层加价，我相信真材实料，价格厚道终会得人心，工匠精神就是小米持续成功的基因，也是我的墓志铭。"

未来我国企业如果没有对工匠精神的坚守，就不会出现真正伟大的企业。"有工匠精神，企业才能够有大作为"。

趋势6：资源使用者正在战胜资源拥有者。今天企业仅拥有资源是不够的，必须要学会使用资源，把资源贡献出来让大家共享，这是未来企业发展的需要。当企业越来越愿意贡献资源、使用资源后，你企业的资源才会变得越来越多。

以上就是新商业运动的6大时代趋势，而反向盈利是引领新商业运动6大时代趋势的发动机。

总结一下，在这场新商业运动当中，企业要想成功，必须要做好5件事。第1件事，企业要有很强的运营团队，核心团队要持续不断地掌握反向盈利的精髓。团队要持续不断地学习，让大家在行为上统一，在思维观念上统一。再好的商业规划，再好的产品技术，最重要的执行者是运营团队。第2件事，企业必须要有非常好的产品。在未来的商业世界，企业必须要打磨出感动人心、让人尖叫的畅销产品。第3件事，企业必须要有自己的销售渠道。企业的产品够好，但渠道不够多，渠道不够深，那么企业产品就无法实现更好的盈利。第4件事，企业要有快速回笼资金的商业模式，要保持充沛的现金流。第5件事，企业要有快速创意研发能力。在未来的商业世界，一家企业不具备快速创意研发能力，那么产品更新的速度就不会快，就没有办法跟上时代发展的步伐。新商业时代下的企业必须做好以上5件事，才能在未来处于不败之地，稳健畅游于万物重生的新商业时代。

四、我们都为年轻商业而生

什么是年轻商业？年轻商业就是未来10~20年的商业。未来全新的商业模式，都将围绕一个中心点而运行，这个中心点就是"C端崛起"。未来10年的全新商业必然是C端新商业。C端（即Consumer）是指个体，可以是一个人，也可以是一小众。未来年轻的C端新商业，是与传统商业反向而行的"新物种"。未来所有企业都将转型为C端服务企业，都将朝着服务C端进化。

未来年轻商业是C端新商业

C端新商业：C端新商业是一个划时代革命性的新商业。在C端新商业中，客户不再是一个单纯的产品购买者，而是一个拥有企业"产品设计、产品定价、销售渠道、产品复购、产品评价、品牌价值"话语权的个体。而这些"话语权"在传统商业时代都是掌控在企业、媒体、中心化平台手中。

C端新商业组织模式：未来C端新商业将以一种区块链模式存在于商业社会。未来C端新商业将会在发展中不断经历各种阶段，但终极模式将是一种区块链商业模式。未来企业没有自己的区块，将会与全商业社会脱离，成为一个企业孤岛。反之，企业一旦融入进去，就可以跟上未来10~20年的时代发展。在区块链商业时代，每一个企业从产品生产到销售，都会形成一个自己的商业闭环，企业有了这个闭环，就可以构成企业专有区块。

未来企业专有区块内容：C端新商业中企业专有区块内容，包含了"产品设计、产品定价、销售渠道、产品复购、产品评价、品牌价值"这些内容，而这些内容的具体标准是与企业的用户共同制定的。企业专有区块建设完成后，企业再去做社会化连接，把企业连接到全社会商业场景中，形成全网区块链中的一员。连接有三种方式，一是专有链，二是联盟链，三是公有链。未来企业获客可以不通过昂贵的中心化平台、高门槛的媒体，还有"嗜血"的中介。未来IPv6、5G、4K等技术可以保障企业随时随地和全球任何客户直接连接，只要客户上网，就可以实现全网秒级点对点销售。

C端新商业销售定律

随着新兴商业的不断发展，"东西要好，价格要便宜，服务要周到，情怀要暖心"将成为用户购买你产品的独一无二的定律，不符合这个定律的企业，产品就很难卖掉。**未来的畅销产品都是这样的：物美价廉，服务达心，情怀共鸣**。未来用户也是企业中的"员工"，但这种员工你不需要支付薪水，他不仅自己购买产品，还会为你操心，提供更好的销售建议，一旦你接受了他的建议，哪怕只有一点点，他都会成为产品坚定的拥趸，在口碑大战中处处维护自己的企业。反之，他将会是你的对立面，四处宣扬你产品的不好。因此，未来企业一定要维护好产品信用，一旦被记入服务污点，各种信誉平台上的记载将是不可逆的，因为企业受罚的标题无法更改，将会永远记录在案。

传统企业当下的商业痛点

对照未来商业的"四要定律"，可剖析出当下企业转型的痛点。

企业当下成本之痛：未来企业要想符合新商业的"四要定律"，当下首先遇到的拦路虎就是成本。在传统商业时代，企业运营成本的关键节点很多是自己无法掌控的，上下游成本波动都会连带企业的成本掀起涟漪。企业能计算的成本只是在内部，产品一出门，很多成本的发生，企业根本无法预知，成本的话语权并不在企业手中。所以在传统商业时代，新商业的"四要定律"基本是不可能实现的，就算你明白什么是正确的理念，但也通常只是挂在墙上的口号，比如"物美价廉"，实际操作起来差得很远。

企业当下渠道之痛：销售渠道是传统企业的一座大山。企业即便有了自己的产品设计，并认真地生产出来，成为商品，但离销售回款还差着一大截。卖掉的是钱,卖不掉的就是库存。企业销售得依靠别人的渠道,一个企业很难拥有属于自己的全国性销售渠道。传统企业必须借助代理商、批发商、零售商,通过层层分销,最终产品才能和用户见面。通常企业组建的销售队伍,也只是为各级经销商提供服务,因为企业并不直接售卖产品给用户,无法建立与消费者的直接联系,目前的企商联系都是通过各种中心化渠道来完成的。现实中很多企业心有不甘,往往违背协议私下去联系终端用户,或者用户主动找上门来,企业不忍拒绝。这种模式下,企业与经销商既是队友又是对手,因为利益彼此间会经常爆发不愉快的事件。每年这类事件在新闻中被爆料的太多了,一旦协调不好,友军转眼变敌军。销售渠道费用是传统企业成本居高不下的重要原因。

企业当下推广之痛:在传统商业时代,推广宣传是又一座成本大山。不论是展会、订货会、报纸刊物、电视广播、户外楼宇,还是互联网平台,都是别人的媒介平台,目前国内还不允许企业自办社会新闻媒体。企业只能通过各种媒介平台宣传推广,连接你的用户,借用别人的平台推广意味着付出大笔资金。在传统商业时代的正向经营模式下,这类成本是难以克服的,有的企业刨去宣推费用,一年下来的利润所剩无几。

企业当下连接之痛:目前企业想符合"四要定律",还会遇到的拦路虎就是有效连接。连接,是指企业与终端用户建立直接关系。在传统商业时代,企业要想与用户建立直销关系,就只能什么都自己干,得担当多种角色,既是生产商,又是经销商,又是推广商,又是服务商,又是广告商。即使不考虑政策因素,这些成本也是巨大的,这也是企业无法完成的任务。在传统商业时代,要想越过经销商、推广商和服务商直接与终端用户连接建立直销关系，那是不可能的。由于商业模式的限定，大量的客户关系只能任其掌握在中间商手中，目前企业要想与终端用户建立直销关系，成本很大。

企业当下沟通之痛：在传统商业时代，直接与用户沟通充满着阻塞。由于销售渠道、销售推广这些机构的存在，因利谋动，承诺往往不一致。混乱的信息会使企业与终端用户的沟通变得效率低下，更别说与用户建立直接联系了。比如某汽车车主坐车顶哭诉事件，事情由4S店经销商而起，但声誉受损的是汽车企业。经销商可以替换，企业品牌无法换。经销商为利驱使，一般不愿意妥协，为打破僵局，最终事件解决的出钱方还得是企业。这到哪儿说理去！能花钱解决都是幸运的，很多企业就因为某一个事件，顷刻倒塌。从类似因舆论事件而倒闭的企业案例分析下来，发现主要原因始于沟通不畅，而沟通不畅的症结源于利益。许多经销商也在人为制造信息不对称，故意为沟通制造阻塞，拼命扼住企业的沟通咽喉，只为独揽沟通话语权。现在企业解决一个焦点舆论事件付出的成本是双倍的，既要用钱安抚消费者，还要满足趁机捞好处的经销商。

互联网可解除痛点，改变全球商业

自2000年起，全球社会进入互联网时代，互联网在传统商业模式的铁幕中撕开了一个大口子，最大的变化是连接变短。企业和用户建立连接的路径缩短了，通过互联网的一个个终端，企业终于可以实现通过平台连接上用户。在互联网上半场，2012年，中国的终端用户屏达到9

亿块，大大改善了人与人之间互联互通的落后局面。这种革命性的连通变化严重削弱了传统商业的中间层，大大降低了经销商、推广商、服务商这三大山头的高度。

自 2012 年起，随着智能手机迅速普及，企业和用户的连接实现了"一对一"模式。三大山头的高度再度被拦腰截断，很多企业因此做起了直销生意，一时间微商、直销迅猛发展。企业可以自己开网站，开网店，在互联网平台做推广，自己开办官微、官博，组建企业互联网运营团队，从销售渠道到内容推广，再到客户维护，全都自己干。这种互联网直连模式，得益于科技进步，尤其是互联网移动端技术的支持。2019 年年底，我国互联网终端用户屏达到了 20 亿块。

但是这种互联网下的新商业模式也产生了新的问题，传统线下三座大山经营模式被严重削弱的同时，大批互联网平台取代了原有三座大山，成为新的山头。企业自己开设的互联网直销平台实际获客很难，为什么很难？因为大批 C 端用户已被互联网平台通过"烧钱"方式变成了平台用户。企业自建的直销平台上来客寥寥，无法形成规模销售。现在企业要想利用互联网销售产品，必须通过百度、淘宝、京东、拼多多、微博、微信、今日头条、抖音、新闻门户网站等中间商，它们牢牢把持了企业和用户沟通的渠道，平台就是互联网高速路上的管理员，路可以免费行驶，但行为规范它们定。

互联网平台靠中心化赚钱

互联网平台是可以免费使用的，但平台方在企业和用户连接时，会设置种种障碍。企业的内容可能审不过；企业的产品链接不许发；电话联系方式不能留；编个小程序发出去，有可能被平台降权；企业的新媒体号随时会被平台扣上有广告嫌疑的帽子，想投诉都找不到客服，进了投诉平台还会遇上一堆机器人对付你。总之，企业和用户交流会受到平台方的各种刁难性审核。还有各种过路过桥费，平台会层出不穷变着法地冒出来。企业要时刻和平台方斗智斗勇，通常输多赢少。即便企业有能力破解算法，一旦平台方发现算法都拦不住你，平台方还有绝招，要么升级算法，要么直接封号。

最终，互联网平台方只提供一种让企业沟通痛快的方法，掏钱做广告。问题是现在的平台信息流广告，费用越涨越高。企业开一个网店，平台会用大数据在后台计算，开店的租金还会年年精准递增。即使是免费使用的搜索平台，也被算法控制着，企业自己发布的内容很难被收录，就算收录了也很难展示，就算展示了，排名也靠后，前5页根本找不到企业的信息。企业要想让网民搜索时看见自己的信息，最有效的办法就是给搜索平台送上广告费（SEM）。企业想自己靠SEO（搜索引擎优化）把内容优化上去，就送你三个字"太难了"。凡此种种，都会令企业心塞，眼见得用户就在网上，企业依旧是"众里寻他千百度，蓦然回首，那人却在灯火阑珊处"。在互联网普及的今天，企业要想通过互联网直接获客，成本依旧居高不下。

互联网上半场已经结束

2018年是互联网上半场的结束之年，跑马圈地的时代结束了。

2018年因我国人口出生率仅为10.94‰，峰值拐点一出现，立刻引发了全球经济的剧烈震荡，全球特别是我国各大经济指标出现下跌，房产、汽车、家居、家电、手机销量大幅度下滑，尤其是各大互联网平台的注册人数增速缓慢，这意味着以捕获C端为目标的跑马圈地时代终于结束，可以正式宣告始于2000年的互联网上半场，到2018年结束了。

随即各大互联网组织和工业企业，纷纷动手优化组织架构，裁撤为C端圈地成立的庞大机构，新招为B端（即Business）服务的人才，同时，大批社会名流的人设IP崩塌事件批量发生，新的平民级人物被取而代之，成为新的社会名流。

公众价值观从之前以财富看人，转向以你的社会信用和文化凝聚力为中心。这预示着区块链下的万物互联IP时代将迅猛到来，全球社会的各级组织、各类企业的品牌，以及人企人设IP都需要重新塑造。

互联网下半场正式登场

自2019年起，互联网下半场正式开始。互联网下半场将以服务B端（企业/商业机构）为中心，全球经济将进入DT（数字技术）时代（数字经济）。今后所有企业都必须是网络化、信息化、智能化、数字化的企业，非四化的企业，将被淘汰出局。随着5G时代的到来，随着4K高清可视化的普及，随着物联网正在建立的万物互联正在落地，随着人工智能进入寻常企业，随着政府层面不断出台的新规划，接下来，我国企业将向着区块链新商业模式进发。科技的进步，已经打通了互联网上半场的技术阻碍，比如在5G时代下载一部1GB的电影只需要1秒钟，而在互联网上半场的 4G 时代，得需要 8 秒钟。不仅是在数据传输方面，用户连接技术和场景也会发生革命性进步，使得 B 端企业与 C 端用户建立点对点直联成为可能。未来在互联网技术端，点对点可以做到秒级连接。

随着区块链时代的到来，今后全球都将进入 IP 时代，企业 IP 尤显珍贵。伴随着互联网下半场的各种科学技术，企业 IP 在互联网上的推广，将进入一个白热化竞争时代。在互联网下半场的 13 个关键词中，品牌 IP 首当其冲。这 13 个关键词是：品牌 IP、DT 时代、云计算、工业互联网、物联网、人工智能、智慧教育、新零售、信息安全、新兴金融、数字货币、区块链、全网信用。

互联网下半场，平台收割机来了

互联网下半场，将是 C 端新商业的天下，也必将爆发全社会商业公司抢夺 B 端用户的大战。互联网上半场，平台方都在忙着建立 ToC（面向个人）模式，把更多的用户圈进自己的地盘。为什么前些年很多互联网平台上千万元、上亿元的钱砸下去，即使每年亏损，投资商还继续砸钱？因为他们看中的是 C 端个体用户的价值，一个平台通过各种 App，只要能圈进来庞大的用户数，多少钱都值得。这些 C 端个体用户在互联网下半场都将变卖给 B 端企业。不怕你的企业不买，因为到了互联网下半场，每一个用户的获客成本都是一笔高昂的费用。以 2019 年的统计数据看，企业在头部平台如百度、淘宝、京东的获客成本已经达到 200~300 元/人，在线教育、医疗类平台的获客成本早已超过 1 000 元/人。企业要想在互联网上获客，只能从平台手中"购买"。国内的互联网大平台的注册用户数都在上亿！为什么在互联网上半场时，平台不在乎"烧钱"？因为平台早算计好了，到了互联网下半场，那些"烧"过的钱，都会通过 B 端企业获客变现，B 端企业才是最终的买单者，而且会是加倍付出，因为 C 端用户早已被平台攥紧。平台为这些用户提供了大量服务，深深黏住了用户的心，巨额成本也使企业根本无法提供等量的服务来争夺这些用户。

B 端企业如何应对平台收割

互联网上半场的大战是 ToC 模式，互联网下半场必然是 ToB（面向企业）模式，互联网平台方将以 B 端企业为重点服务对象，为期待已久的利润展开一场厮杀，争夺的对象就是 B 端企业。B 端企业要想从互联网平台获得 C 端用户，只能认命老老实实交钱，从平台的手中购买。但企业方很快就会发现，在后台大数据的精准计算下，企业这种从平台购买 C 端用户的模式，花费将会越来越高，除掉获客成本，企业全年很可能所赚无几。2019 年，天猫已经宣布自 2020 年起开办一个天猫店，店铺费用将从 36 万元涨至 60 万元，年销售额不足 60 万元的店铺，将被剥夺开店资格。为什么是 60 万元？这就是大数据的功劳，所以阿里巴巴的年营额利润能保持在近 50%，不是没有道理的。开店一年下来，企业能有多少利润，平台方早在后台看得清清楚楚。

未来商业主战场实质抢夺的焦点是 C 端。未来在 C 端新商业时代，企业如果不想束手就擒，拒绝给平台方上缴高额获客费，避免被当"韭菜"收割，唯一的办法就是建立自己的流量池，树立起企业自己的品牌IP，把C端牢牢掌握在企业自己手中。企业应及早抓住区块链"新物种"刚刚露出苗头的历史时刻，通过建立企业的专有区块，利用专有链、联盟链、公有链，千方百计获取专属企业自己的C端用户。企业可以通过"产品设计、产品定价、销售渠道、产品复购、产品评价、品牌价值"这些内容作为价值纽带，强力构建一套企业的信用体系，携手企业的C端用户一起打造命运共同体。

企业一定自己做中心化

未来在全球工业4.0时代，在全球物联网大规模实现时，网上没有品牌IP的企业，将会自动出局。

全球工业4.0时代，是物联网实施的重要阶段，今后全球将实现万物互联。企业应打造自己专有的流量，自己去做中心化，塑造自己的品牌IP，把C端新商业时代的个体用户牢牢黏在企业的区块链中。为此我国政府2013年起出台了十多项未来规划。按政府规划，2016年起，所有企业要变身为互联网企业。2025年，我国所有企业都要接入物联网，并且和互联网全线打通。到2030年，全球所有的企业还将变身为智能化互联网企业。依照规划，一旦我国进入区块链商业时代，我国互联网终端用户屏将达到500亿块。

我国企业家们应该清醒地看到，今天全球社会是处在一场百年变革的前夜，未来全球社会都将进入区块链模式社会，所有的商业规则都将被重新规划一遍。很快区块链+企业、产品、销售、物流、供应链、金融，将逐一落地。我国目前有 9000 家区块链企业。2020 年起，将成为区块链应用集中落地的一年，无疑联盟链将成为主要争夺焦点。与之相对应的我国央行法定数字货币 DCEP 也呼之欲出。这是我国和全球正在发生的一次巨大革命，企业别无选择。今后，从金融，到消费，到生产，到流通、销售、交易、结算、交流，都必须在互联网上完成。全球正在进入一个国国 IP、企企 IP、人人 IP 的时代，这场深刻革命的最终目标是全球将进入一个 IP 平权时代，与之相配的区块链技术的普及应用很快就会迅猛到来。

未来，企业必须时刻准备好，为年轻商业而战！

C 端之战，是新商业时代的必争之战。全球未来发展的大趋势下，企业家不仅仅要关注 C 端的强势崛起，B 端企业应及早主动向 C 端化实现自我进化，这是必然的趋势！马云说过，不久的将来电商都将死去，这是必然的。当传统电商死去时，企业自己的区块电商应顺势崛起，为此企业家应立刻着手准备，筹备企业自己的"区块链＋企业"，构建企业专有的区块链品牌。未来的企业什么样？在 2019 年世界经济论坛评选的 26 家"全球灯塔工厂"中，青岛海尔在列，海尔和传统企业最大的不同，就是海尔已率先完成企业 C 端化转型。未来企业新的盈利一定产自新的商业，产自年轻的商业！网络是年轻消费者最喜欢出入的场所，物联网时代连机器都上网了，如果未来在网上找不到你的企业，那就可以宣布你这家企业已经被淘汰了。时代才是盈利的幕后推手，既然年轻商业来了，企业就应该顺应历史潮流而动，抓住年轻商业，就抓住了未来企业的盈利之泉。未来企业一定要打赢这场 C 端之战，企业家当有这份自信，你们就是为年轻商业而生的！

企业，唯有年轻，才有未来……

致 谢

反向盈利,起初是我的一门商学院课程,很多企业家受益于此,源自这门课程既教知识又解决问题,一句话,"实用、有用、管用"!机械工业出版社刘怡丹编辑通过看我的微信朋友圈了解到这门课程,约我见面详聊。通过我的分享与沟通,刘编辑觉得这么好的一门课程应该被广泛传播,把课程的内容以书的方式再次呈现出来,让更多的企业受益。在刘编辑的鼓励下,有了《反向盈利:企业盈利的6大规划和9大模式》一书的出版,感谢刘编辑。

本书是付守永品牌路演商学院的一本工具书,也是商学院思想文库系列丛书的重要组成部分。本书的顺利出版得到了以下人士的大力支持,在此表示由衷的感谢(排名不分先后):

邹　越　中国著名演讲家

吴晓波　知名财经作家

华红兵　移动营销管理之父

稻盛和夫　日本经营之圣

史蒂文·霍夫曼　美国硅谷重量级创业教父

杨纪华　台湾鼎泰丰

束从轩　老乡鸡董事长

朱　峰　山东联合企业(集团)管理有限公司总裁

洪　华　小米谷仓创业学院院长

郑毓煌　清华大学营销学博士生导师
梅　江　小罐茶市场中心总经理
水木然　知名财经作家
贾国龙　西贝莜面村董事长
陈　芳　北京宏昆集团董事长
夏　慰　鲁迅文化基金会创二代俱乐部秘书长
杜中兵　巴奴毛肚火锅创始人
秦　朝　老板内参创始人
王海叶　铂涛集团副总裁

本书的出版还与以下学员的积极参与密不可分，他们是本书内容的提供者与实践者，这本书不是我一个人的功劳，而是众人智慧的结晶，在此表示感谢（排名不分先后）：

刘　端　广西贵港华隆超市
陈世征　杭州哈克生物科技有限公司
薛庆亮　锐胜连锁工坊
张洪新　安徽清水源企业服务有限公司
潘　坚　正皓茶品牌创始人
郑　靓　上海九顶商学院
罗　英　北京大学新疆校友会副会长
梁如林　浙江台州中立车业有限公司
祝　福　IP营销方法论开创者

曾军河	无锡庆源激光科技有限公司
范交通	沈丘县玉文化产业园
马维华	连云港马大姐食品有限公司
张藤之	东阿百年堂集团
赵敬德	北京卤小唐食品有限公司
崔德玉	90易购商城
苗福军	北京正阳鼎盛商贸有限公司
赵立昌	山东冠县百利达纸制品有限公司
范子国	冠县宇辉纸业有限公司
栗新国	临清市凯铭实业有限公司
李全豪	济南金曜石文化传媒有限公司
刘迎春	山东恒宇投资服务有限公司
魏明兵	西安好一生数字义齿科技有限公司
范洪伟	范太太和范先生
易书波	金口常开教育科技（上海）有限公司
邢振兴	振兴创新科技（北京）有限公司
陈海心	山东贝奇生物科技有限公司
王铎霖	临沂创成企业管理咨询有限公司
周洋帆	济南永姿贸易有限公司
安 骏	上海巨晴水疗设备有限公司
林 涛	韵升科技股份有限公司
郁 金	泰安众城伟业房地产有限公司

宋　凯	山东巨酷网络科技有限公司
刘增杰	山东蓝光医疗科技有限公司
徐茂权	中国知名网络营销讲师
张瑞麓	深圳卡爱特公共文化传播有限公司
谢超东	上海聪鱼教育科技有限公司
孙伟杰	山东儒行天下文化传媒有限公司
刘泰龙	济南初凡映画文化传媒有限公司
张晓坤	明道五形（山东）文化传播有限公司
倪彩馨	山东通利贸易有限公司
杨　猛	广州学思行教育
赵立彬	北京鸭迷鸭蜜食品有限公司
王俊国	美和包装制品有限公司
戚建民	领秀艺家教育
石　峰	机智云体健康科技管理有限公司
任立华	盛泉集团
刘颜桢	山东三克油健康知识服务有限公司
张琳琳	山东衣粒扣服装有限公司
全志晨	鑫华玩具有限公司
王　源	包头市新雅实业有限公司
王海涛	济南绿然商贸有限公司
杨　洋	临沂金铭企业管理有限公司

徐振祥　济南文星信息技术有限公司

李东旭　梁山县天时小麦种植专业合作社

希望本书能够影响更多的中国企业家，也希望更多的企业家分享这本书，走进课程现场，感受不一样的知识盛宴！向所有爱读书、爱学习的人士致敬，您们就是时代的希望。

双手合十，感恩感谢！

付守永

2020 年 3 月